나를
찾아가는
생각
연습

내 삶을 흔드는 최고의 질문들

나를 찾아가는 생각연습

더 생각 인문학 시리즈 07

초판 1쇄 인쇄 | 2019년 6월 25일
초판 1쇄 발행 | 2019년 6월 30일

지은이 | 안치형

발행인 | 김태영
발행처 | 도서출판 씽크스마트
주 소 | 서울특별시 마포구 토정로 222(신수동) 한국출판콘텐츠센터 401호
전 화 | 02-323-5609 · 070-8836-8837
팩 스 | 02-337-5608

ISBN 978-89-6529-206-7 03190
값 14,000원

• 잘못된 책은 구입한 서점에서 바꿔 드립니다.
• 이 책의 내용, 디자인, 이미지, 사진, 편집구성 등을 전체 또는 일부분이라도 사용할 때는
  저자와 발행처 양쪽의 서면으로 된 동의서가 필요합니다.
• 원고 | kty0651@hanmail.net
• 페이스북 | www.facebook.com/thinksmart2009
• 블로그 | blog.naver.com/ts0651

• 이 도서의 국립중앙도서관 출판예정도서목록(CIP)은 서지정보유통지원시스템 홈페이지(http://seoji.nl.go.kr)와
  국가자료공동목록시스템(http://www.nl.go.kr/kolisnet)에서 이용하실 수 있습니다.(CIP제어번호: CIP2019019740)

• 씽크스마트 • 더 큰 세상으로 통하는 길
• 도서출판 사이다 • 사람과 사람을 이어주는 다리

나를
찾아가는
생각
연습

내 삶을
흔드는 최고의
질문들

안치형
지음

나답게 사는 게
그렇게
중요한가요

반복되는 일상에 유난히 몸과 마음이 지치는 날이면 고요한 새벽을 틈타 몰래 자유를 꿈꾸곤 했습니다. 그럴 때마다 어김없이 찾아와 들뜬 마음을 진정시켜주는 이가 있었습니다. 제 삶의 나침반이자, 위로자이자, 동기부여가이고, 콧대 높은 스승이자, 생각의 독재자인 오랜 벗, 바로 '의무'입니다.

저는 8년간 영업을 했습니다. 회사를 등에 업은 동안엔 힘의 근원이 저라고 잠깐 착각한 적도 있었죠. 회사의 로고가 찍힌 1g도 채 나가지 않는 명함은 마치 외교관의 여권 같았습니다. 고객사의 사원부터 임원까지, 원하는 사람 대부분을 만날 수 있었으니까요. 문득, 명함 없이도 지금의 나로 살 수 있을지 궁금해졌습니다. 심장이 서늘해지는 기분이 들더군요. 그때부터였을 겁니다. 퇴근 후 침대 위로 쓰러지면서 매일 밤 생각했습니다. '그만둘까?'

서른이 되자 열병처럼 찾아온 질문. 나는 누구인가? 나는 왜 사는가? 나는, 나는, 나는…. 고민마다 '나'라는 주어가 붙었습니다. 서른이 처음이었으니 피해갈 수 없는 질문이 이때 찾아온다는 걸 몰랐죠. 해결되지 않는 질문을 가슴에 담아두고 하루하루를 버텼습니다.

때가 되어 쫓겨나듯 회사를 떠나는 선배가 하나둘 늘어났습니다. 그들을 배웅하는 술자리에서는 어떤 표정을 짓고 있어야 할지 난감했죠. 달이 차면 기울듯, 위로주가 쌓일 때마다 그의 몸도 탁자 위로 기울었습니다.

"회사가 나한테 이러면 안 되지!" 이 한 마디를 마지막으로 그는 힘없이 고꾸라졌습니다. 만취한 몸을 실은 택시가 시야 밖으로 사라졌지만, 그가 남긴 잔상은 한동안 제 삶의 언저리에 떠돌며 저를 괴롭혔습니다. 군중 속에서 서리처럼 차가운 고독감을 느꼈죠. 그럴수록 더 웃고, 떠들고, 마시고, 취해보고. 그러나 잠이 깨고 나면 남은 건 밀려오는 공허함과 허기.

'더는 안 되겠다.'

회사를 박차고 나왔습니다. 수천만 원의 인센티브, 조기승진.

직장생활 내내 따랐던 운은 딱 거기까지였습니다. 무엇이든 가능할 것만 같던 기회의 땅은 문과 출신 샌님에게 좀처럼 자리를 내어주질 않더군요. 끼워 달라고, 나도 좀 살게 해 달라고 닥치는 대로 인사하고 다니는 수밖에 없었습니다. 그렇게 장사를 시작했고, 틈틈이 헌 옷을 수거하러 다녔고, 요리도 배웠죠. 그리고 사람들의 생각을 들어보기 위해 전국을 돌아다니며 토론모임을 열었습니다. 막상 사람들을 만나보니 '나'와 다르지 않은 '너'라는 존재는 생각 이상으로 많았습니다.

새는 알에서 나오려고 투쟁한다. 알은 새의 세계다. 태어나려고 하는 자는 하나의 세계를 깨뜨려야 한다. 새는 신을 향해 날아간다.

소설 《데미안》을 표상하는 대표적인 문장입니다. 너무나 간절하지만 받아들이기 힘든 현실의 딜레마가 이 한 문장 속에 담겨있습니다. 통속적인 세계를 벗어나기 위해 세상을 깨고 온전히 나로서 존재하고자 하지만 차마 그럴 수 없는 것이 현실임을 우리는 잘 압니다.

'나란 무얼까.' '개성이란 뭘까.' '왜 우리는 자신을 회피하고 사는 걸까.' '진정한 나를 회복할 순 없을까.' 다른 이들도 저와 같은 고민을 하는지, 다들 어떻게 살아가는지 궁금했습니다. 생각을 억압하는 것들은 무엇인지, 어떻게 벗어날 수 있을지도 알고 싶었고요.

이렇게 읽어주세요

이 책은 개성'이라는 키워드 하나로 귀결됩니다. '진정한 나' 다소 낡은 주제일 수도 있지만, 내가 '나답게' 살지 못하는 한 영원히 찾게 될 주제이기도 합니다. '나에 대한 온전한 이해와 인정.' 나를 찾는 일은 삶의 굳건한 가치관을 세우는 일이죠. '나'라는 관념의 존재를 실체가 있는 그 무엇으로 받아들이기 위해 여기서는 나의 개별적 존재성을 '개성'으로 설명했습니다.

자존감에 관한 책은 이미 많이 나와 있습니다. 개성을 함부로 침해하는 것들로부터 마음을 지키도록 도와주는 고마운 친구 같은 책들입니다. 그런데 몇 가지 아쉬움이 있었습니다. 자기계발로 접근하는 책에서는 깊이에 대한 아쉬움이, 정통 심리학 서적에서는 깊이에 대한 어려움이 있었죠. 무엇보다 자존감을 지킨다고 해서 인생을 즐겁게 살 수 있을 것 같지는 않았습니다. '어떻게 하면 나답게 살 수 있을까?' 더욱 근본적인 이해가 필요했습니다. 너무 가볍지 않고, 너무 어렵지도 않게, 차근차근 나를 찾아가도록. 이 책은 그런 필요로 탄생했습니다.

책은 크게 6장으로 이루어져 있습니다. 제 사례가 가장 먼저 나옵니다. 어떤 사람이 이런 이야기를 하는지 궁금해하실 듯해서 제 소개를 하는 마음으로 기록한 것입니다. 이어서 개성 있게 사는 사람들의 특징, 개성을 억압하는 것들, 개성을 회복하는 방법, 개성대로 살면서 느끼게 되는 것들, 개성을 직업으로 발전시키고자 하는 분들을 위한 팁으로 구성했습니다.

사람에 따라 다르겠지만 집중한다면 한두 시간 내로 거의 읽을 수 있습니다. 하지만 이 책에 나오는 수많은 질문에 대답하면서 읽는다면 한 달이 걸려도 읽을 수 없는 책이기도 합니다. 세상 지식으로 설명되지 않을뿐더러, 그럴 필요도 없는 유일한 나의 모습. 우리가 그토록 외로웠던 이유와 고독했던 이유에 대한 답을 여러분과 함께 찾고자 합니다.

이 책은 잠재된 개성을 발견하고 온전한 나로 회복하는 계기가 될 것입니다. 단, 전제조건이 있습니다. 답을 찾을 때, 자신의 삶을 돌아보면서 진심을 다해야 합니다.

교과서가 아닙니다. 제 이야기이자 그동안 토론모임에서 만난 500여 분들의 이야기입니다. 그분들과 함께 고민해온 주제와 질문이 담겨있습니다. 그러니 이 책을 보는 분들은 토론에 참여하는 501번째 멤버인 셈이죠.

인생살이에 정답은 없습니다. 제가 뭐라고 말씀드리든 무조건 동의하기보다는 필요에 따라 여러분만의 배경지식과 처한 환경을 고려해서 적극적으로 반론하며 읽어주시길 바랍니다.

단 하나의 목적, 바로 나만의 개성을 찾기 위해서!

차례

3 개성을 짓밟는 괴물들

I

나를 다시 찾는 유일한 길

성공이 지상최대의 과제인 시대. 저는 고작 개성을 찾기 위해 방황했습니다. 막상 찾은들 들인 시간에 비해 결과가 너무 초라하면 어쩌지. 결국 자기만족일 뿐 그 이상이 아니면 어쩌지. 그 과정에서 놓치게 될 기회비용들은 또 어쩌지. 먹고는 살 수 있을까.

한번 결심에 수백 번 고민이 따르던 삶. 그러나 포기하지는 않았습니다. 개성을 회복하는 것은 성공 만능시대에서 잃어버린 소중한 '나'를 다시 찾는 유일한 길이라 생각했으니까요.

한 번뿐인 인생, 처음이자 마지막인 인생. 나침반 없는 선원과도 같았던 저에게 마크 트웨인Mark Twain은 말을 건넸습니다.

지금으로부터 20년 후에, 당신은 당신이 한 일보다 하지 않았던 일들을 더욱 후회할 것이다. 그러니 뱃머리를 묶고 있는 밧줄을 풀어 던져라. 안전한 항구에서 벗어나 항해를 떠나라. 당신의 항해에 무역풍을 타라. 탐험하라. 꿈꾸라. 발견하라.

나를 다시 찾는 유일한 길

01

경계 넘기
DNA

"아무리 생각해봐도 이 일은 저에게 맞지 않는 것 같습니다. 더 잘 맞는 사람을 뽑으시는 편이 좋을 것 같습니다."

2017년 1월. 이 말을 끝으로 네 번째이자 마지막 회사에서 퇴직했습니다. 총 8년간의 회사생활. 퇴사를 결심한 가장 큰 이유는 하고 싶은 일이 있어서가 아니라 '하고 싶은 일이 없어서'입니다. 대책 없이 퇴사한 사람이라 생각할 수도 있겠지만 사정을 들어보면 그리 간단치가 않습니다.

때는 고등학교 시절로 거슬러 올라갑니다. 저는 가끔 말대꾸는 했지만, 나름 모범적인 학생이었습니다. 줄곧 학급 반장이었고 친구들도 대부분 본분에 충실했습니다. 그렇게 해야 좋은 대학을 갈 수 있고, 좋은 대학을 가야 좋은 직장을 갈 수 있고, 좋은 직장을 가야 나중에 잘 먹고 잘산다고 배웠으니까요. 물론 그런 가르침에 저항감도 있었지만 적어도 겉으로는 내색하지 않아 별 탈 없는 아이였습니다. 고등학교 1학년 체육 시간에 그 일이 생기기 전까지는 말이죠.

학급 반장이었던 저는 체육 시간이면 늘 반 친구들 앞에 서서

국민체조 시범을 보였습니다. 그날도 어김없이 구령대 위에서 국민체조 2번 동작인 '팔 앞뒤로 들어 옆으로 내리기'를 하는 중이었습니다.

"팔 귀에 안 붙여?"

체육 선생님이 호통을 치며 두꺼운 나무 몽둥이로 제 뒤통수를 '퍽' 소리가 나도록 내려치는 게 아닙니까? 눈앞이 번쩍. 너무 깜짝 놀랐습니다. 몇 초 후, 찌르는 듯한 통증과 함께 가슴속에서 불길이 솟구쳐 올랐습니다. '그게 그렇게 잘못된 거야?' 하필 반항기가 차오르던 때라, 몽둥이 한 방은 날카로운 바늘이 되어 불만을 뻥 터뜨리고 말았죠.

애쓰지 않아도 아름다울 수 있다면

체조를 마치고 다 함께 자유롭게 구기 운동을 하는 동안 저는 조용히 교실로 들어가 가방을 챙겼습니다. 그리고 수위아저씨를 피해 학교 뒤편의 담장으로 향했습니다. 잘하는 짓일까. 누가 보지는 않을까.

초등학교 때 난생처음으로 볼펜을 하나 훔쳤을 때처럼 침이 마르고 심장이 두근두근했습니다. 한 걸음 한 걸음. 허가 없이는 단 한 명도 내보내지 않겠다는 듯 서슬 퍼런 꼬챙이로 위협하는 담장 앞에 도착했습니다. '더는 시키는 대로 하지 않으리라!' 반대편으로 가방을 휙 던지고 담장을 기어올랐죠. 긁히고 쓸리기를 반복하며 힘들게 담장 위에 올라섰습니다. 심호흡을 크게 한 번 하고 미련 없이 힘차게 뛰어내렸습니다. 교복이 찢긴 건 물론이고 두 손바닥도 상처투성이가 되었지만, 기분만큼은 그 어느 때보다 상쾌하더라고요. 공식적인 첫 번째 반항이었습니다.

그날 이후로 조퇴와 결석을 밥 먹듯 했습니다. 선생님 말씀을 들어야 아름다운 인생을 살 수 있다는 가르침이 더 이상 귀에 들어오지 않았으니까요. 대신 한강으로 향하곤 했습니다. 어제나 오늘이나 변함없이 흘러가는 강물을 바라보고 있노라면 한없이 마음이 편해졌습니다. 이따금 불어오는 강바람에 반짝이며 일어나는 물비늘을 지켜보는 것이 좋았죠. "애쓰지 않아도 얼마든지 아름다울 수 있어"라고 위로해주는 것 같아서.

그렇다고 공부에서 아주 손을 놓았던 건 아닙니다. 딱히 하고픈 게 있는 건 아니었으니까요. 때가 되어 수능을 치렀고 점수에 맞춰 대학에 입학했습니다. 입학보다 중요한 것은 공부를 계속해야 하는 이유일 텐데, 안타깝게도 저는 그 이유를 찾지 못한 채 대학 생활을 시작했습니다. 대학을 마칠 때까지도 찾지 못했고요. 물론 여전히 양팔은 귀에 닿질 않습니다.

02

이렇게 살다
죽는 게
인생일까

그렇게 대학을 졸업하니 정말로 갈 곳이 없었습니다. 몰래 조퇴할 일도 없었고요. 온종일 한강에서 넋 놓을 수도 없는 노릇. 어쩔 수 없이 다음 코스인 취업대열에 합류했습니다.

학창시절에 다양한 스펙을 쌓아온 친구들과는 달리 저는 그흔한 인턴 경험조차 한 번도 안 해봤습니다. 어차피 엎질러진 물. 면접관에게 강한 인상을 남기기 위해 창의력을 총동원했습니다. 결국 많은 학생에게 선망의 대상이었던, 미국계 기업 P&G에서 첫 직장생활을 시작할 수 있었죠. 집 주위의 모든 마트를 방문해서 상품진열 사진을 150장가량 찍고, 면접 때 책상 위에 펼쳐놓고 브리핑한 게 주효했나 봅니다. 저처럼 독특한 지원자는 처음 본다는 면접관들의 말이 아직도 기억나니까요.

그렇게 직장생활을 8년 했지만 답답한 건 학교나 직장이나 마찬가지였습니다. '왜'를 고민하기 전에 일단 '시키는 대로' 해야만 하는 삶이란 건 변함없었으니까요. 쉴 새 없이 새로운 의무를 실어 나르는 컨베이어벨트 앞에 선 피곤한 인생. '이렇게 살다가 죽는 게 인생일까?'

평생 몸에 안 맞는 옷을 입을 순 없지

물론 넋 놓고 있지만은 않았습니다. 어딘가에는 분명히 있을 '자아실현이 가능한 일'을 찾으려 부단히 노력했습니다. 국내기업도 가보고 외국계도 가보고, 대기업도 가보고 중소기업도 가봤고요. 틈만 나면 장사하는 친구들을 따라다니며 견문을 넓히기도 했죠. 원두커피 감별사 자격증도 취득했고, 옷 장사도 해봤습니다. 취미를 살려보고자 요리전문학교에서 요리도 배웠습니다. 그런데도 어디에서도 자아실현을 할 수는 없더라고요.

만약 돈이 전부라 생각했다면 빠르게 자리 잡았던 옷 장사를 계속하면 됐을 겁니다. 그러나 사장이 되면 달라질까 싶어 시작한 일이었을 뿐 정작 옷에는 별로 관심이 없다는 것이 문제였습니다. '평생 임부복 팔면 행복하겠니?'란 질문에 고개를 절레절레 저었습니다.

'성향에 잘 맞는 직업을 찾아볼까? 원두커피 감별사 자격증과 한식 조리사 자격증이 있으니 요식업에 도전하면 어떨까?' 시도는 해봤지만, 그것도 아니었습니다. 요식업계에 취업원서를 작성하는데 도저히 포부가 나오질 않는 겁니다. '내가 만든 요리를 먹는 사람들의 얼굴만 봐도 행복해' '내 분야에서만큼은 최고의 요리사가 될 거야.' 이런 생각이 전혀 들지 않았으니까요. 제가 먹고 싶은 요리를 하거나, 가족에게 건강한 음식을 해주는 것 정도로 충분히 만족스러웠죠. 섣불리 취미를 업으로 삼지 말라는 말이 이해됐습니다. 계속 저만의 개성을 찾아 헤매는 모습을 보며 사람들은 말했습니다.

"천직이 별거냐? 하던 일 계속하다 보면 천직이 되는 거지."

"됐고, 돈 많이 버는 직업이 최고야. 천직은 무슨."
"네 나이가 몇인데 적성 찾고 있냐. 군말 말고 일해."

동의할 수 없었습니다. 신은 우리에게 자유의지를 주었다고 믿었으니까요. 자유의지로 선택하고, 본성에 어긋나지도 않을뿐더러, 저만의 개성이 빛을 발하는 일이 분명 있을 거라 생각했습니다. 아직 발견하지 못했을 뿐. 단 한 번 허락된 소중한 인생, 평생 몸에 맞지 않는 옷을 입을 수는 없었습니다.

나를 다시 찾는 유일한 길

아무것도
안
하기

문득 이런 생각이 들었습니다. '가장 나다운 일을 찾기 위해 근 10년간 움직였지만 결국 찾을 수가 없었잖아. 어쩌면 부지런히 움직이기 전에 진중한 고민을 하지 않았던 건 아닐까?' 그때부터 행동은 멈추고 진지하게 고민만 해보기로 했습니다. 얼마 되지 않아서 딱 1년만 오롯이 이 고민에만 집중해보고 싶다는 마음이 간절해졌죠.

'그래, 멈춰보자!'

그러나 막상 일을 그만두려니 생활비가 걱정되었습니다. 저와 아내, 그리고 아이, 이렇게 세 식구가 쓰는 1년 치 비용이 만만치 않았으니까요. 일단 돈부터 모았습니다. 절약과 저축! 술자리를 줄이고, 옷 사는 것을 줄이고…. 줄이고, 줄이고 다 줄였습니다. 그렇게 악착같이 1년 치 생활비를 모으고 퇴직. 이직을 위한 퇴직을 할 때는 발걸음도 가볍더니, 정작 '멈춤'을 위한 퇴직을 하니 집으로 돌아오는 발걸음이 그렇게 무거울 수가 없었습니다. 출사표를 던진 장수의 심정이랄까요.

도대체 뭘 해야 할까

퇴직한 다음 날부터 집 근처 도서관에서 매일 책을 읽었습니다. 처음에는 급한 마음에 '무엇을 팔아야 하는가?'에 온 신경을 집중했습니다. 새로운 아이템, 트렌드에 관련된 책들만 봤죠. 이 아이템은 창의적이지 않았고, 저 아이템은 자본가들이 들어오면 영세업체가 우수수 나가떨어질 것이 자명했습니다. 간혹 기막힌 사업 아이템이 떠올라도 감당치 못할 부동산 임대료에 금세 생각을 접을 수밖에 없었습니다. 코딩기술만 있으면 좋을 텐데 이제 와 배우자니 너무 돌아가는 것 같았죠.

뉴스를 보면 온통 창업에 성공한 사람 일색이고, 대기업들이 새롭게 진출한 분야에서 승승장구하는 기사들만 보이는데 왜 나는 뭐부터 시작해야 할지도 모르는 걸까. 나름 상경계열을 전공하고 영업직으로 10년 가까이 일했는데, 나와 보니 우물 안 개구리였다는 사실을 깨달았습니다. 보이는 건 깜깜한 앞날이요 나오는 건 한숨뿐.

왜 나는 할 줄 아는 게 없지? 장사도 아니고, 취미도 아니고. 도대체 뭘 해야 할까?

나를 다시 찾는 유일한 길

04

갑자기
활자
거부증

아이템을 찾아 헤매길 몇 개월. 그날도 변함없이 아침부터 저녁까지 책 읽고 생각하길 반복했지만, 답은 보이지 않았습니다. 그러다 일본 요식업계의 전설적인 인물인 우노 다카시가 쓴 책에서 이 문장을 발견했습니다.

> 꼭 최고의 요리가 나오지 않아도, 멋진 분위기가 아니어도 괜찮아. 내 신조는 손님들을 즐겁게 만들고 웃게 하는 거야.[2]

'무엇을 팔까?'라는 고민은 이제 '어떻게 팔까?'로 변했고, 이윽고 '누구에게 팔까?'에 이르렀죠. 사람들의 마음을 이해할 수만 있다면 무엇이든 다 팔 수 있을 거란 생각이 들었습니다. 그때부터 아이템을 찾기 위한 독서는 그만두고 사람을 이해하기 위한 독서로 방향을 바꾸었습니다.

사람을 알기 위한 독서

사람에 대한 이해는 장사아이템 찾기와는 비교할 수 없을 정도로 범위가 방대했습니다. 따지고 보면 모든 분야의 바탕에는 사람이 있으니까요. 어떤 책부터 봐야 할지 도저히 감이 오질 않았습니다. 입사면접을 볼 때처럼 창의적으로, 어쩌면 다소 무모하게 계획을 세웠습니다. 다 읽어버리기로 한 것입니다. 지금 생각해도 말이 안 되는 계획이긴 하죠.

'출판사의 전문가들이 알아서 잘 정리했겠지.'라는 믿음으로 인문학 서가로 발걸음을 옮겼습니다. 다른 책들에 비해 상대적으로 보존상태가 좋은 것으로 봐서는 빌려보는 사람이 많지 않은 듯했죠. 새 마음에 새 책이라. 예감이 좋았습니다.

뭐부터 읽을까. 한참을 두리번거리다, 모 출판사의 인문학 시리즈의 제1권, 조제프 에르네스트 르낭Joseph Ernest Renan의 《민족이란 무엇인가》를 꺼내 들었습니다. 무슨 말인지 다 이해하지도 못한 채 어영부영 1권을 다 읽었습니다. 이어 요한 G. 피히테Johann Gottlieb Fichte의 《학자의 사명에 관한 몇 차례의 강의》, 마르퀴 드 콩도르세Marquis de Condorcet의 《인간 정신의 진보에 관한 역사적 개요》 등을 차례로 읽어 내려갔습니다. 평소 보지 않던 책들이라 진도가 잘 나가지 않았죠. 그래도 읽었습니다. 이렇게 해야 사람을 이해할 수 있으리라 철석같이 믿었기 때문입니다.

그렇게 한참을 읽으니 어느 순간부터 더는 시리즈에 의지할 필요가 없어졌습니다. 책 한 권을 읽을 때마다 추가로 알고 싶은 것들이 쌓여갔으니까요. 예를 들어 심리에 관한 책을 보다가 '군중심리'란 단어를 접하면 그것과 관련된 책을 더 찾아보는 식이었습니다. 관심은 역사, 건축 등으로 종횡무진 옮겨갔습니다. 그중에서도 '생각'에 영향을 미치는 것들을 집중적으로 파고들었습니다. 이해하고 못 하고는 중요하지 않았습니다. 그동안 들어본 적 없는 말들이 제 안으로 계속 들어오는 것만으로도 신이 났으니까요.

어느 날 갑자기 글자를 못 읽게 되었습니다

그러던 어느 날, 책을 보는데 갑자기 어지러움을 느꼈습니다. 피곤한가 싶어서 정수기로 가서 차가운 물을 연거푸 석 잔 들이켰습니다. 그리곤 다시 책을 집어 들었는데 1분도 안 되어 다시 어지러워졌고 속까지 울렁거리더군요. 책을 내려놓고 다시 집어 들기를 수차례. 도저히 안 되겠다 싶어 그날은 일찍 집으로 향했습니다.

　바로 그날부터 글자를 읽을 수가 없게 되었습니다. 말로만 듣던 활자 거부 증세. 전단지는 물론이고 핸드폰 메시지 확인도 힘들었습니다. 간단한 답장을 보내려고 해도 몇 자 적고 하늘 쳐다보고 다시 몇 자 적고 하는 식으로 나눠서 써야만 했죠. 그러지 않으면 금방이라도 토할 것 같았으니까요. 머리가 이렇게 돌아버리는 건가? 병원에 가야 하나? 일단 상황을 지켜보기로 했습니다.

　'대체 몇 권을 읽었길래 그래?'라고 궁금해하는 분들을 위해 부끄러움을 무릅쓰고 알려드립니다. 고작 50권쯤 읽었을 무렵의 일입니다. 누구는 일 년에 천 권도 읽는다는데 겨우 50권이라니! 300권이라고 속일 수도 있지만 굳이 그럴 필요가 있겠습니까. 50권에 제 뇌는 그로기 상태에 빠졌습니다.

　추측건대 저의 사고방식과 대치되는 책들을 내리읽어서 그랬을 겁니다. 공부로 치면 어려워서 피하던 과목과 관련된 책을 연달아 50권 읽었다고나 할까요. 게다가 노트 3권 분량의 필사를 하고, 책을 읽을 때마다 작가와 상상 속에서 토론을 벌여가면서 말이죠. 그러니 뇌가 좀 쉬자고 SOS를 친 것은 아니었나 싶습니다.

정확히 세 보지는 않았지만, 약 일주일 증세가 이어졌습니다. 그동안 불안했지만, 한편으로는 기뻤습니다. 말로는 설명할 수 없지만, 머릿속에서 어떤 변화가 일어나는 것이 분명했으니까요. 굳이 표현하자면 퍼즐 조각을 맞추는 느낌 혹은 과부하 걸린 컴퓨터의 전원이 꺼졌다가 다시 켜지면서 로딩이 되는 느낌이랄까요. 아무튼 뇌가 재구성되고 있다는 생각이 들었습니다.

서당 개도 삼 년이면 풍월을 읊는다는데, 위대한 사상가나 철학자가 쓴 책들을 매일 읽었으니 어쩌면 그들의 뇌처럼 바뀔 수도 있지 않을까 하는 막연한 기대감도 들었습니다.

'변화가 일어나는가 보다.'

나를 다시 찾는 유일한 길

05

개성을 찾는
사람들과의
만남

한밤의 도둑처럼 찾아온 활자 거부 증세가 사라지자 전보다 머리가 맑아진 느낌이 들었습니다. 덩달아 기억력까지 좋아졌고요. 저만의 착각인가 싶어 아내에게 물어보니 "맞아, 여보 기억력 좋아졌어."라고 대답했습니다. 그러니 아마도 사실이겠죠.

저에게 필요한 내용이 눈에 쏙쏙 들어왔습니다. 잠시라도 가만히 있질 못하고 새로운 놀잇거리를 찾는 어린아이처럼 온종일 읽고, 쓰고, 사색하느라 시간 가는 줄 몰랐습니다. 이전의 낡은 가치관은 희미해지고 새로운 가치관이 그 자리에 들어섰죠. 이때 과거의 다양한 경험은 큰 자산이 되었고요. 글자만으로는 부족한 부분을 채워줬기 때문입니다.

저는 모범생이면서도 문제 학생이었습니다. 연 매출 100조 기업부터, 수십억 기업까지 총 네 곳을 거쳤습니다. 한국기업, 미국기업, 싱가포르 기업에 다니는 동안 기획팀에서도 일했고, 영업팀에서도 일했죠. 외국인들을 포함해 동료도 다양했습니다. 영업 매니저가 되기까지 수백 명의 고객을 만나며 수천 번의 거절도 당해봤습니다.

장사를 시작하면서 주문관리부터 고객 응대, 택배 작업, 촬영,

쇼핑몰관리, 블로그관리, 광고관리, 세금 신고까지 모든 일을 직접 했고요. 매일 동대문에서 도매상인들과 어울렸습니다. 원두 감별사, 한식 조리사 자격증을 취득할 때는 요식업계 사람들과 각지의 매장을 돌아다니기도 했죠. 부모님 가게를 도우며 잡무 처리를 하고 식자재 관리와 배달도 했습니다.

삼십 년 넘게 기다린 순간

과거와 현재, 경험과 지식이 한데 어우러지면서 드디어 '나는 누구인가?'에 대한 답에 도달했습니다. 막연히 관념 속에만 있는 답이 아니었고, 충분한 시간을 갖고 과거와 현재를 천천히 곱씹으면서 진정한 '나'를 발견하게 된 것입니다!

어떤 이에게는 별것 아닐지 몰라도, 저에게는 삼십 년 넘게 기다린 순간입니다. 그리고 이 경험은 저뿐 아니라 다른 누군가에게도 분명 도움이 되리라 생각했습니다. 같은 시기에 같은 나라에서 나고 자란 사람들이라면 대부분 비슷한 고민을 할 테니. 그간의 깨달음을 SNS에 하나씩 올렸죠.

그러던 어느 날, 온라인에서만 알고 지내던 분들이 제 글과 생활이 일치하는지 궁금하다며 저를 찾아오셨습니다. 예상치 못한 만남이었지만 서로에 대해 어느 정도는 알기 때문에 어색하진 않았죠. 함께 식사하고 자리를 옮겨 차도 마시면서 이런저런 이야기를 나누었습니다. 그분들을 배웅하고 집으로 돌아오면서 이런 생각이 들었습니다.

'글만 쓸 게 아니라 좀 더 적극적으로 사람들을 만나러 나가야겠구나!'

토론모임의 시작

토론모임을 열기로 했습니다. 왜 토론모임인가 하면, 어렸을 때부터 사람을 모으고 대화하기를 좋아했기 때문입니다. 회사에서 매일 하던 업무가 사람을 만나러 다니는 일이었으니 부담도 전혀 없었거든요.

모임의 목적은 두 가지로 했습니다. 첫째, 평소 하지 않은 질문을 통해 생각을 억압하던 것들을 알아보고 자기만의 개성을 찾자. 둘째, 서로 얼굴 맞대고 이야기하면서 현대사회의 고질병인 인간소외를 극복하자.

목적을 정한 후, 참여희망자를 모집한다는 내용과 함께 SNS에 글을 올렸습니다. '한 번도 만나본 적 없는 사람들이 이 글만 보고 과연 신청할까?' 우려와 달리 순식간에 30명 이상이 기꺼이 참가하겠다는 의사를 밝혀주셨습니다. 내심 기대는 했지만 그래도 이렇게나 많은 분이 응답해주다니. 그러나 기쁨도 잠시, '아차, 모으기는 했는데 명확한 토론주제가 없구나.' 하는 데 생각이 미쳐 첫 모임을 한 달 후로 잡았습니다.

시간을 벌어놓고 그사이 그동안 공부해온 것들을 주제별로 정리했습니다. 보완하고 싶은 부분들은 각 분야의 권위자에게 도움을 요청했고요. 대부분 책으로만 접한 분들이라 첫 만남에 애를 먹기도 했지만 결국은 모두 도움을 주셨습니다. 나중에는 이 모임에 깊은 관심을 보이며 어떤 주제를 추가로 다뤄보라는 조언도 해주시고, 추천 책 리스트도 메일로 보내주셨죠.

주제가 정리된 후 토론을 시작했습니다. 서울에서 처음 열린 모임은 부산, 대구, 부천으로 확장되었습니다. 한 달에 많게는 열 번 이상 모였고, 매월 1박 2일의 일정으로 다른 지역을 돌아다니게 되었죠. 회비를 받아도 교통비, 대관비, 식사비 등을 빼면 솔직히 남는 것은 없었습니다. 그래도 행복했습니다. 제가 가장 좋아하는 일을 하는 거니까요. 평생 만날 일이 없었을 사람들과 대화를 나누게 된 것만도 즐거웠는데, 그 대화로 인해 삶에 긍정적인 변화가 생긴 분이 하나둘 늘었습니다.

06

출근은
힘들 것
같습니다

모임은 점점 커졌지만, 평생 대화만 하면서 살 수는 없는 노릇이었습니다. 가장으로서 경제적인 부분을 무시할 수는 없으니까요. 누군가는 회비를 더 많이 걷어보라고도 권유했습니다. 속으로 갈등했습니다. 회비를 올리면 참여하고 싶어도 하지 못하는 사람들이 생길 게 분명했으니까요. 인간소외를 극복하자고 모임을 만들어 놓고 회비장사를 하는 것은 아니라는 생각이 들었습니다.

우리 회사 블로그를 관리해주겠습니까?
그러던 중 모 학원의 대표님과 블로그에 대해 이야기할 일이 있었습니다. 직원까지 고용하면서 블로그를 운영하는데 원하는 결과가 나오지 않아 고민이라는 겁니다. 쇼핑몰을 운영하면서 블로그와 광고를 직접 관리하던 때가 떠오르더군요. 블로그 운영이 전문은 아니지만 그간의 경험으로 몇 가지 노하우를 알려드렸습니다. 또 질문이 이어져 결국 한 시간 넘게 일대일 과외를 해드렸습니다. 가만히 듣던 대표님이 뜻밖의 제안을 하셨죠.

"괜찮으시다면 직접 관리해주실 수 있으실까요? 솔직히 말씀 드리면, 저희 직원에게서 들어본 적 없는 얘기들이었습니다."

"도움이 된다면 해드려야죠. 헌데, 출근은 힘들 것 같습니다. 회사를 나온 이유를 잘 아실 테니 이해해주셨으면 합니다."

"알고 있습니다. 프리랜서는 어떠신가요? 회사에 나오실 필요는 없을 것 같은데요."

그렇게 얼떨결에 블로그 관리를 맡으면서 고정수입이 생겼습니다. 안 그래도 가족여행을 좋아하는데 이제는 강원도에서도, 오사카에서도, 다낭에서도 돈을 벌 수 있게 된 거죠. 1년 전까지만 해도 매일 출근해야만 돈을 벌 수 있었는데 말입니다. 프리랜서로 일을 시작한 지 몇 개월이 지나자 비슷한 업무의뢰가 또 들어왔습니다.

이제는 그야말로 읽고, 생각하고, 쓰고, 대화하고, 블로그 관리하는 것이 일상이 되었습니다. 사는 게 독특했는지 매스컴에 소개되기도 했습니다. 이제는 책도 쓰고 있고요. 가히 상전벽해입니다. 사람들을 만나면 자주 듣는 질문이 있습니다.

"어떻게 하면 당신처럼 자유롭게 살 수 있습니까?"
"생긴 대로 살면 됩니다!"
"어떻게 자기의 진정한 모습을 찾을 수 있죠?"
"질문하면 됩니다. 나는 누구인가?"

035

나를 다시 찾는 유일한 길

07

변하겠지만
변하지 않겠다는
마음

그동안 많은 것을 아쉬워하며 살았습니다. 필요를 충족하지 못해서, 아니면 후회가 남아서. 이미 변해버려서 아쉬운 것들도 한둘이 아닙니다. 지금부터라도 과거를 추억할 때 아쉬운 것이 없으면 좋겠습니다. 할 수만 있다면 좋은 추억만 가득한 인생을 살고 싶습니다.

저는 지금의 삶에 너무나 만족합니다. 시간에 구애받지 않고 타인에 구속되지 않는 자유로운 인간으로 사는 삶. 함께 살지만, 서로를 존중하고 인정하는 인격적인 배우자로 사는 삶. 가족에 충실한 가장으로 사는 삶. 누구에게나 있는 고독한 내면을 바라볼 줄 아는 또 다른 고독자로 사는 삶. 할 수만 있다면 끝까지 유지하고 싶습니다.

자유인 대 자유인, 고독자 대 고독자의 만남을 꿈꾸며
꽃이 피고 지며 계절이 바뀌듯, 변하지 않는 것은 없습니다. 아이는 성인이 되면 제 곁을 떠날 겁니다. 때가 되면 저도 왔던 곳으로 되돌아갈 테고요. 이 삶을 끝까지 지킨다는 것은 불가능합니다.

제가 진정 원하는 것은 결코 닿을 수 없는 저 하늘의 별이 아닙니다. 닿을 수 없는 것을 알지만, 그래도 갖고 싶어 하는 그 마음을 끝까지 지키고 싶습니다. 변하겠지만 변하지 않겠다는 마음. 이것을 위해 앞으로 더 자유롭게 살 것이고, 가족을 더욱 사랑할 것이며, 어디서 어떤 식으로 만날지 모를 타인의 목소리에 더 귀를 기울일 겁니다.

물을 뿌려 싹이 움트게 할 수는 있습니다. 그러나 신이 아닌 이상 그 누구도 씨앗에 생명을 담아 두지는 못합니다. 그러니 혹시라도 제 꿈을 듣고 마음이 움직이거나 깨닫는 바가 있다면 그것은 제가 대단하기 때문이 아닙니다. 의지와 능력, 그리고 간절함이 이미 여러분 안에 있기 때문입니다.

연緣이 닿아 우리가 만난다면 자유인 대 자유인, 고독자 대 고독자의 만남이 되면 좋겠습니다. 나와 닮은 사람을 만난다는 것은 언제나 큰 기쁨이니까요. 꾸미지 않은 날것으로 만납시다. 그러니 언젠가 만나게 될 그 날까지, 부디 각자의 자리에서 자유롭게 자신의 개성을 지키며 살아가시길 바랍니다.

나를 다시 찾는 유일한 길

나를 찾아줘

내 마음대로 하면서 살고 싶다는 고백. 몇 번씩은 해보셨으리라 생각합니다. 그런데도 그렇게 하기 힘든 이유는 무엇일까요? 상황 탓일 수도 있고, 두려움 때문일 수도 있지만, 대개는 내가 뭘 원하는지 정확히 몰라서입니다. 자신이 무엇을 원하는지 알고 싶다면, 자신이 어떤 사람인지부터 알아야 합니다.

1. 어린 시절에 당신은 무엇을 좋아했나요?

_____

_____

_____

_____

2. 남들과 구별되는 당신만의 독특함은 무엇인가요?

_____

_____

_____

_____

3. 당신에게 일은 어떤 의미가 있나요?

_____

_____

_____

_____

4. 당신은 어떤 사람이 되고 싶은가요?

_____

_____

_____

_____

5. 당신이 할 줄 아는 것 중에 가장 자신 있는 것은 무엇인가요? 사소해도
   좋습니다.

_____

_____

_____

_____

6. 그 일을 하기 위해 당장 시작할 수 있는 것은 무엇이 있을까요?

_____

_____

_____

_____

나를 다시 찾는 유일한 길

2

생긴 대로 사는 사람들

'남들과 똑같이 살 필요 없잖아.'

언제부턴가 우리 사회는 개성에 관심을 두기 시작했습니다. 개인의 의지와는 상관없이 매스컴에서 떠들어대는 개성 타령에 묘한 배신감이 들었습니다. '튀는 행동을 하지 말라'고 배워온 세대 앞에 던져진 낯선 화두, 개성.

한참 방황하던 시기가 있었습니다. 정체성에 대한 혼란이 극에 달할 때면, 스스로 개성을 몰살하고 기존사회로 편입할까 생각한 게 한두 번이 아닙니다. '전체의 개인' '국가의 국민' '기업의 인재' 세상이 원하는 대로 맞추면 쉽게 끝날 고민일 테니까요. 어차피 몸은 그렇게 살고 있었으니.

그러나 '담 넘기 DNA'는 끝끝내 세상과의 타협을 거부했습니다. 유혹이 떠오르면 떠오를수록 악착같이 담장을 넘었습니다. 어느덧 유별남의 대명사가 되어버렸죠.

나만의 색깔을 찾기 위해 끊임없이 이탈하는 사람들. 세상은 그런 사람들에게 고운 시선을 보내진 않습니다. 타인의 시선을 의식할 필요는 없지만, '내가 하면 자유, 당신이 하면 일탈'이라고 생각하는 이들이 많은 게 사실입니다. 아직까지는 '자유로운 영혼'이라는 단어를 일탈, 탈선, 이기심, 유별남과 동의어로 봅니다. 그러다 보니 개성 넘치는 인간이 되려고 하면 그 누구보다도 자의식이 먼저 극렬하게 저항하기 마련이죠.

개성에 대한 부정적인 인식은 오해를 불러일으킵니다. 개성을 나쁜 것이거나, 엄청나게 유별난 것으로 생각하죠. 개성을 경계하는 심리 안에는 이렇듯 외부에서 이식된 거부감이나 무언가 달라야만 한다는 근거 없는 믿음이 가득 차 있는지도 모릅니다.

생긴 대로 사는 사람들

저도 우여곡절 끝에 경쟁의 트랙을 벗어나고서야 '나도 개성 있는 사람이구나.'라고 확신하게 되었죠. 생각이 바뀌니 관점이 바뀌었고, 관점이 바뀌니 태도가 바뀌었습니다. 이제 누가 물어보면 입으로, 삶으로 자신 있게 대답할 수 있습니다. 온전히 저만의 색깔대로 살고 있다고.

대단한 성공도 아니고, 치열한 경쟁에서 승리한 것도 아닌, 그저 자기만의 색깔로 살아가는 삶. 그런 삶이 중요할까요? 어린왕자에게 이런 질문을 한다면 다음과 같이 대답할지도 모르겠습니다.

별들이 아름다운 이유는 보이지 않는 한 송이 꽃 덕분이야. 사막이 아름다운 이유도 어딘가에 우물을 감추고 있기 때문이지. 중요한 건 보이지 않는 법이니까.[3]

나는
특별한
사람입니다

대문니 바로 옆의 치아를 측절치라고 합니다. 그 옆으로 송곳니가 자리하고 있죠. 제 측절치는 송곳니보다 더 뾰족합니다. 드라큘라처럼 말이죠. 어릴 때는 지금보다 더 날카로웠습니다. 친구들이 놀려대도 그다지 개의치 않았습니다. 어린 나이였지만 생긴 대로 살자 싶었죠.

그렇다고 생긴 대로만 살 수는 없는 노릇이었습니다. 저는 내성적인 편이라 사람들과 어울리는 일이 편하지는 않았지만 사회에서는 무엇보다 인간관계가 중요하다기에 의지를 가지고 노력해본 적도 있습니다.

낯선 사람들을 만나서 감정과는 다른 표정반갑거나, 비장하거나, 놀랍다거나을 지어가며 그들의 말에 고개를 끄덕이는 것 자체가 피곤한 일이었습니다. 제가 특별히 반사회적인 인물이라 생각하지는 않습니다. 단지 사람들이 자신의 불편한 감정을 저보다 능숙하게 숨기고 살 뿐이죠.

그런 제가 어떻게 영업사원으로 일할 수 있었을까요. 또한 퇴사하고 전국을 돌아다니며 토론모임을 진행할 수 있었을까요. 바로 제가 '대화'를 좋아한다는 사실을 알았기 때문입니다. 대화

생긴 대로 사는 사람들

를 좋아하는 것과 대인관계를 유지하는 것은 다른 차원의 일이란 사실도 알았고요. 대화를 좋아한다고 해서 누군가와 지속적인 관계를 유지해야 할 의무는 없었습니다. 만남의 목적을 관계가 아닌 대화에 두면서 만남에 대한 부담감을 덜어낼 수 있었습니다. 이렇듯 관계에는 미숙하더라도 대화를 좋아하는 것은 저만의 개성이었던 셈이죠.

개성은 재능 있는 자의 전유물이 아닙니다

사람은 저마다 타인과 구별되는 자기만의 독특함을 지니고 있습니다. 예전에 '나는 개성이 없어.'라고 생각한 이유는 단지 나에 대해 잘 몰랐기 때문입니다. 자신을 가장 잘 아는 사람도, 모르고 있는 사람도 바로 자신입니다.

물론 자기를 객관적으로 바로 볼 안목을 갖기란 쉽지 않습니다. 과거를 일일이 반추하는 성격이 아니라면 더욱더 그렇습니다. 게다가 인간은 자기합리화에 능하죠. 하지만 자신에게 관심을 가지면 가질수록 전에는 모르던 의외의 사실들을 발견할 수는 있습니다.

"넌 머리는 좋은데 끈기가 없어."

어릴 적부터 자주 듣던 말입니다. 그런데 사회생활을 하다 보니 좋아하는 일을 할 때만큼은 끈기가 상당하더군요. 별것 아니지만 저에겐 전혀 새로운 발견이었죠. 그런가 하면 과거 영업을 했고 장사도 해봤기 때문에 스스로를 예민한 현실주의자라고만 생각했는데, 토론모임을 하면서 몽상가적인 기질도 다분하다는 사실을 발견했습니다. 전에 모르던 모습들이 계속 나오더란 말입니다.

개성은 재능 있는 자의 전유물이 아닙니다. 노력으로만 얻을 수 있는 것도 아니고요.

내 삶에
내가
있었나

"회사에 있는 동안에는 인생의 스위치를 잠시 꺼놓는다 생각해요. 고용주에게 저당 잡힌 시간이니까요. 안 그러면 매일 하고 싶지 않은 일을 하는 걸 견디기 힘들어요."

매일 아침 커피숍에서 독서를 하고 출근하는 J씨의 말입니다. 자리에 있던 대부분이 공감한다는 듯 고개를 끄덕였습니다. 저의 회사생활을 돌이켜 보니 하루 평균 11시간을 회사를 위해 사용했습니다. 씻고, 아침 먹고, 출근해서 일하고, 퇴근해서 집에 오는 시간을 모두 합해서 말이죠. 다시 씻고, 저녁 먹고, 애랑 놀아주고 나면 3시간 정도가 온전한 제 자유시간이었죠. 그나마 야근도 안 하고, 10정거장 이내에 있는 직장을 다녔기에 가능했던. 동료들 대다수가 통근 시간만 2시간이 넘었습니다. 그들은 아침은 고사하고 수면시간도 대폭 줄여야만 했습니다. 고작 3시간의 자유시간이라도 가지려면 말이죠.

일과 삶의 균형을 유지하는 사람들

일과 삶의 균형Work and Life Balance에 관해 관심들이 많습니다. 정말로 이 둘을 충실히 즐기며 사는 사람들이 있을까요. 희귀하지만 분명 일과 시간을 주도하는 사람들. 그들에 대해서 살펴보겠습니다.

이런 사람들에게는 몇 가지 공통점이 있습니다. 할 수 있는 일보다 하고 싶은 일에 도전한다는 점입니다. 목표와 비전이 선명한 거죠. 주인의식과 책임감이 남다를 수밖에 없습니다. 자기가 좋아하는 일이니까요. 또 다른 공통점은 시간을 주도적으로 쓴다는 것과 시간 사용의 목적이 분명하다는 것입니다. '나는 이 일을 통해 무엇을 성취하고자 하는가?' '이 일의 성과가 나의 목적을 이루어 줄 수 있는가?' 일이 곧 나의 목적과 비전으로 이어지고 있음을 확신하는 사람은 시간을 주도합니다. 그것을 우리는 자아실현이라 말합니다.

자신이 좋아하는 것을 명확히 알면 목적과 비전이 섭니다. 비전을 세운다는 것은 곧 자신이 인생의 주인임을 깨닫는 일입니다. 그런 사람은 도전정신이 강하며, 일을 단지 돈벌이 수단으로만 여기지 않습니다. 이런 사람 중에는 창업가가 많은 편입니다.

다행인지 불행인지, 지인 중에 이런 사람들이 많습니다. 직장생활을 할 때 이런 사람들을 보며 가장 부러운 것은 일하고 싶을 때 일하고 쉬고 싶을 때 쉴 수 있는 삶이었습니다. 일요일 저녁만 되면 출근 생각에 축 늘어지던 저와는 달리 새로운 한 주가 빨리 오기를 기대하는 모습을 보면 얼마나 부러웠는지 모릅니다.

창업. 결코 쉬운 일은 아닙니다. 처음에는 직장과는 비교도 안 될 만큼 치열하게 일해야 합니다. 안개 낀 숲속을 걸어가는 듯한 느낌이 들고, 제자리걸음 하는 것 같기도 할 겁니다. 그러나 한번

자리가 잡히면 시간을 통제할 수 있는 삶이 허락됩니다.

예전 직장 선배인 류건형님을 파주 출판단지에서 만났습니다. 회사에서도 정말 멋진 분이었지만 지금은 자기만의 길을 개척하면서 더욱더 멋진 인생을 살고 있습니다. 프리랜서로 기업 출강을 나가며, TV에도 출연하고, 심지어 콘서트를 열 정도로 노래도 잘하시죠. 그와 오랜만에 만나 점심을 먹고 인근 공원을 산책하면서 밀린 이야기를 나누었습니다. 문득 옛 생각이 났는지 저를 보고 웃으며 이런 말을 건네셨습니다.

"신입사원으로 들어와서 얼굴 본 게 엊그제 같은데 지금은 둘다 퇴사해서 이 시간에 이렇게 산책을 하고 있네. 좋다. 직장인들은 이 기분을 알까?"

내가 원하는 시간에 하고픈 일을 하며 사는 사람. 워라밸을 실현한 삶의 진정한 주인공이 아닐까 생각합니다.

03

삶과 관계를
지탱해주는
철학

자기만 옳고 다른 사람들은 다 틀리다고 하는 사람을 독불장군이라 부릅니다. 그런 사람들과 함께 어울리면 어떤 느낌이 드시나요? '이 사람 참 매력 있네. 함께 있고 싶다.'란 생각이 드시나요, 아니면 '뭐 이런 사람이 다 있어?' 하고 멀리하고 싶어지시나요? 저는 독선적인 사람을 만나는 게 무척 불편합니다.

낯부끄러운 고백입니다만 그 불편한 사람이 사실 저였습니다. 남들과 타협할 마음이 없었습니다. 더 정확히 말하면 타협해선 안 된다고 생각했죠. 제 생각이 부정당하는 것은 곧 제 인생을 부정당하는 것이라 여긴 모양입니다.

작금의 현실을 보자면, 이삼십 대에 확고한 길을 만난다는 건 일반적인 경우는 아닙니다. 저에게도 폭우에 갇혀 불안하게 흔들린 삶은 찾아왔죠. 그런 상황에서 저를 붙잡아주던 것은 '이 정도면 잘하고 있어.'라는 적당한 선에서의 타협이었습니다. 까딱하면 자괴감에 빠지기 쉬운, 비교와 경쟁이 만연한 세상. 그나마 중심 잡고 살려면 마음이라도 단단히 먹어야 했습니다.

'이 정도 대학 나왔으면 됐어. 이 정도 직장 다니고 있으면 됐

생긴 대로 사는 사람들

어. 이 정도 벌고 있으면 됐어. 이 정도면 잘하고 있어. 그래도 이만하면 잘 하고 있는 거야.'

이런 반복적인 독백은 자기세뇌였을지 모르겠습니다. 누군가 제게 "아니, 난 조금 다르게 생각해."라고 말하면 발끈하곤 했습니다. 그의 말이 저의 안정적인 체제를 흔들려는 시도로 읽혔기 때문입니다. 그러니 저만 옳다고 생각할 수밖에요.

따지고 보면 저를 지배하던 성공의 기준은 제가 정한 것도 아니었습니다. 자연스럽게 접하다 보니 스미듯 익숙해졌을 뿐이죠. '이렇게 하면 실패한다. 이렇게 하는 게 성공이다.'라는 믿음들. 그러나 직장 연차가 늘어나고 결혼하고 아이를 키우면서 그 믿음을 지켜가는 것 자체가 점점 버거워졌습니다. 성공은커녕 실패자란 소릴 듣지 않으면 다행이다 싶을 만큼 일상에 쫓기며 지낸 셈이죠. 이만하면 잘하고 있다고 다독이기라도 하지 않으면 견딜 수 없었던 것입니다.

산다는 게 뭘까? 난 제대로 살아낼 수 있을까? 성공? 어떻게 살란 말인가? 당연히 답이 있을 리 없는, 막연한 질문에 괴로운 나날을 보냈습니다.

나만의 철학이 가져다준 변화

그때부터 책을 읽고 직접 몸을 부딪쳐가며 현실을 하나하나 알아갔습니다. 행복이란 무엇인지, 나는 무엇을 원하고 무엇을 잘할 수 있는지. 그러다 보니 막연히 생각에만 갇혀있을 때와는 사뭇 다른 결론들을 만났습니다.

자기만의 색깔이 있어야 한다는 것. 그리고 마음이 충만해질 때 일은 가치를 띤다는 것을 알게 되었습니다. 경험으로 체득한 확신과 활자를 통해 습득한 믿음은 단단함에서 차이가 납니다. 경험으로 체득한 깨달음은 시류에 흔들리지 않는 힘이 있습니다. 물론 상호 양립하는 게 가장 이상적입니다. 경험하고, 깨닫고, 적용하는 과정을 반복할 때 그 사람의 삶에는 하나의 기준점이 생깁니다. 이것이 삶을 지탱하는 기준 즉, 개인의 철학입니다.

한순간 이미 저만의 기준이 있다는 것을 알아차렸습니다. 이 기준과 질서는 기존의 질서를 무너뜨리고 파괴하면서 구축된 새로운 질서였습니다. 타인의 견해에 예민하게 반응하던 제가 어느덧 의연하게 대처할 수 있게 되었죠. 여전히 사람이 낯설지만, 그들과 대화를 목적으로 만나는 일이 가능해졌습니다. 물론 스트레스 없이 말입니다. "그건 아니죠."라는 말보다 "그렇게 생각하시는군요, 저는 이렇게 생각합니다."라는 말을 더 많이 하게 되었습니다. 제 안에 기준과 질서가 있듯 상대에게도 자기만의 기준이 있다는 사실을 인정하게 된 것입니다. 한쪽에서 이런 질서를 깨고 강요하려 하지만 않는다면 대화는 무척 즐겁습니다.

인정의 욕구는 인간의 기본적인 욕구라고 합니다. 자신을 있는 그대로 받아주는 사람을 싫어할 사람은 없겠죠. 나를 인정해준 상대를 좋은 사람이라고 생각하면 그 사람의 의견도 존중하게 되지 않을까요? 서로를 인정하면 그렇지 않을 때보다 사이가 더 돈독해질 가능성도 커질 테고요.

04

개성이
피었습니다

"결혼하고 평생 칠남매 맏며느리로 살면서 너무 남을 의식하고 살았어요. 시집살이하랴, 애 키우랴, 그렇게 20년을 보내고 나니 이게 내 인생인지 남의 인생인지 모르겠네요. 애를 대학까지 보내고 나니 비어버린 이 시간을 어찌해야 할지…. 이렇게 계속 살아야 하는 건가, 이게 여자의 인생인가 싶어서 답답하기만 합니다."

남양주에서 서울까지 운전해서 모임에 참석하시곤 하던 O씨가 하소연했습니다. 문득 《나를 찾아줘》라는 영화 제목이 떠올랐습니다. 꼼짝없이 한 곳에만 머문 시간이 너무 길어지다 보니, 문밖 누군가를 찾아 나서는 기능이 사라져버린 것이죠. 그런 상황에서 주저앉은 사람이 할 수 있는 일은 온 힘을 다해 자신을 찾아 달라 소리치는 것일 테지요. 이야기를 듣다 보니 안타까운 마음이 들었습니다.

"사는 곳에 모임 하나 만들어 보세요. 분명 비슷한 분들이 있을 거예요. 선생님께 필요한 건 고민을 나눌 사람과 대화 그 자체인 것 같아요."

"아유, 아니에요. 책도 잘 안 읽는데 모임은 무슨. 괜히 시작했다가 일 커지면 책임져야 하는데. 그렇게까지는 못해요."

"가벼운 티타임 정도만 하시면 되지 않을까요? 부담스러우시면 한 번만 해봐도 좋고요."

다시 한번 기운을 북돋워 드렸습니다. 그렇게 아니라고, 못한다고 하시던 O씨는 지금 동네 분들과 열심히 독서모임을 하고 있습니다. 모여서 여행도 다니시고요. 얼마 전에는 저에게 이런 글을 남기셨죠.

"전 꾸미기를 좋아하고 사람 이야기를 잘 들어주고 흥이 많은 사람이었어요. 꿈은 현모양처였지만, 현모양처로 살되 날 버리지는 말자고 결심했어요. 큰머느리 자리를 잘 지키면서도 멋진 아줌마, 의로운 아줌마로 살아가고 싶습니다. 저 다음 주에 패러글라이딩 하러 가요. 하고 싶은 거 하면서 도전해보려고요."

나에게 솔직할 때 열리는 세상

사람은 누구나 귀한 존재로 창조되었다고 믿습니다. '나' 역시 두말할 것 없이 너무나도 소중한 존재이고요. 그런데도 이 사회는 '나'를 입 밖에 내는 것을 불편하게 생각합니다. 우리를 위해 어쩔 수 없이 나를 희생할 수밖에 없었던 나날들. 이제는 조금 더 솔직해져도 되지 않을까요.

거창하게 시작할 필요는 없습니다. 그저 나다운 것부터 조그맣게 해나가시면 됩니다. 꽃향기에 벌꿀이 모이는 법입니다. 당신의 개성을 알아본 동류의 사람들이 모이게 될 겁니다. 어떤 활동이든 좋습니다. 독서모임, 밴드활동, 와인동호회, 대본리딩, 글쓰기모임 아니면 단순히 티타임을 갖는 모임이라도 말입니다. 나와 비슷한 사람들과 한데 모여 서로 위로하고 위로받으며 아름다운 인생 꽃을 활짝 피우셨으면 좋겠습니다.

05

유도미사일
같은
욕구충족

행복한 가정은 모두 비슷하지만, 불행한 가정은 모두 저마다의 이유
로 불행하다.

레프 톨스토이의 《안나 카레니나》 도입부입니다. 살다 보면
누구에게나 답답한 시간이 찾아오기 마련입니다. 생김새만큼이
나 그 모습도 제각각이고요. 사람에 따라 그 시간이 길기도 하고
짧기도 하죠. 짧더라도 마치 폭풍 한가운데 있듯이 강렬하게 그
순간을 맞이하는 사람도 있습니다.

결핍은 충만을 갈망합니다. 지푸라기라도 잡는 심정으로 사
방에 조언을 구할 것입니다. 그러나 겉으로는 비슷해 보여도 나
와 똑같은 상황에 부닥쳐본 사람은 많지 않습니다. 내 상황을 정
확히 이해하는 사람을 만나기가 쉽지 않을 수밖에요. 결핍의 원
인을 모르면 욕구를 채울 방법도 모호해지기 마련. 대상 없는 갈
증은 대상을 가리지 않는 욕구충족으로 이어집니다. 과소비나
폭식, 과음이나 무절제한 성욕. 언뜻 보기에는 제각각의 문제 같
지만, 방향을 잃은 욕구 충족이라는 공통점이 있습니다. 사람들
은 말합니다.

"스트레스받을 때는 이렇게 해야 기분이 풀려요. 그런데 오래는 못가요. 답답해지면 반복하게 되죠. 마음대로 조절이 잘 안 됩니다. 중독인 것 같아요."

자기 욕구를 정확히 아는 사람들

엉뚱한 데서 결핍을 채우려는 것은 밑 빠진 독에 물 붓기와 같습니다. 배가 고프면 밥을 먹고, 졸리면 잠을 자야 합니다. 제가 아는 A씨와 L씨는 자신의 욕구를 정확히 아는 사람들입니다.

함께 근무했던 A씨는 길드는 것을 꽤 싫어하는 사람이었습니다. 그런 사람이 꼼짝 않고 회사에 있으려니 얼마나 좀이 쑤셨을까요. 짜증이 늘어나고 가슴이 답답해진다 싶으면 "또 근질거리네. 조만간 여행을 다녀와야겠어." 하고 며칠 후 훌쩍 여행을 떠납니다. 매번 어디서 찾아내는지 저는 구경도 못 해본 초저가 항공편을 예매해서 하루 이틀, 마치 옆집 가듯 잠깐씩 다녀오는 겁니다. 여행에 도가 튼 사람답게 쓸데없는 소비도 하지 않습니다. 과자 한두 봉지 사 오는 게 전부죠. 여행을 다녀온 후에는 언제 그랬냐는 듯 편안한 모습으로 되돌아오곤 했습니다.

모임에서 만난 L씨는 연극을 하고 노래를 부르고 싶었지만, 부모님의 반대가 심했다고 합니다. 이 문제 때문에 학창시절에 심각한 우울증이 찾아왔습니다. 누구보다 활발하던 성격이었는데 대인기피 증세가 나타났죠. 병원도 다녀봤지만 정작 L씨를 구원한 것은 노래였습니다. 평소에는 얌전히 회사에 다니지만, 퇴근 후에는 곰돌이 옷을 입고 마이크와 앰프를 챙겨서 사람이 많은 곳으로 향합니다. 좌판을 쫙 깔고 신명 나게 노래를 부르니

구경꾼이 안 모이려야 안 모일 수가 없겠죠. 구경꾼이 어느 정도 모이면 능숙하게 인터뷰도 하고 노래도 함께 부릅니다. 이런 사정을 모르는 사람들 눈에는 그저 인생 참 재미있게 사는 사람으로 보이겠지만요.

자신의 문제를 해결하려면 먼저 내가 누구인지 알아야 합니다. 이것이 선행되지 않으면 우리는 계속 엉뚱한 곳에서 해결책을 찾느라 허송세월할지 모릅니다.

경쟁이
필요 없는
인생

카지노에서 한두 번 돈을 딸 수는 있지만, 횟수를 거듭할수록 돈을 잃을 확률이 비약적으로 높아집니다. 카지노의 무한에 가까운 자원과 개인의 유한한 자원이 벌이는 승부는 애당초 결론이 정해져 있기 때문이죠.

어디 카지노뿐이겠습니까? 우리는 살면서 끊임없이 누군가와 경쟁하며 살아갑니다. 원치 않아도 강제로 그런 상황에 노출되기도 하죠. 경쟁은 때로는 동기부여가 되고 승리의 달콤함도 맛보게 해주지만 결국 깊은 좌절감과 패배감, 그리고 열등감을 심어줍니다. 끝없는 경쟁. 결과가 정해진 카지노에서의 도박과 다르지 않습니다. 궁극적으로 경쟁에서 이기는 방법은 경쟁에서 벗어나는 것뿐입니다.

평범한 임부복이 아닙니다

옷 장사를 할 때였습니다. 임부복을 팔았는데 판매하기 참 까다로운 상품이었습니다. 출산인구가 줄어드는 데다 기본적으로 반복구매가 없으니까요. 9개월의 가임기간 중에 임부복을 구매하는 시기는 배가 나오기 시작하는 4~5개월부터입니다. 요즘처럼 한 가정에 아이 한 명씩 낳는 때는 기껏해야 평생에 4개월 정도 필요한 옷. 구매가 적으니 임부복만을 취급하는 도매상도 많지 않죠. 심지어 처음 동대문을 방문해서 임부복을 팔 예정이라 하니 모두 말리는 분위기였습니다. 그러나 저는 조금 특별한 임부복을 팔았습니다.

몇 년 동안 기업영업을 하며 임신한 직장인들이 중요한 미팅에 참석할 때 입을 만한 임부복이 없다는 사실을 알았거든요. 직장인들을 위한 임부복 시장에 가능성이 있으리라 확신했죠. 고객이 워낙 적은 분야이다 보니 제가 원하는 옷만 판매하는 곳이 따로 있을 리 만무했습니다. 동대문을 이 잡듯 뒤지고 다니면서 제가 원하는 상품들을 일일이 찾아다닐 수밖에요. 디자인부터 원단, 박음질까지 모두 꼼꼼히 확인해가며 질 좋은 옷들로 구성하다 보니 자연히 원가가 비쌌습니다. 안 그래도 고객이 줄어드는 시장에 가장 비싼 임부복을 판매하는 쇼핑몰을 차린 꼴입니다.

어떻게 되었을까요? 연 지 4개월 만에 월 매출 2천만 원을 달성했습니다. 사무실도 없고 직원도 없이 운영한 것 치고는 준수한 성적이었습니다. 주머니 사정이 넉넉한 직장인이 주 고객이었고, 무엇보다 출근용 임부복만 판매하는 유일한 쇼핑몰이었기에 가능했으리라 생각합니다.

경쟁에서 벗어난 유일한 인생

유일하다는 것은 그만큼 개성이 뚜렷함을 의미합니다. 호불호는 있을지언정 경쟁할 대상이 없습니다. 장사도 이럴진대 사람이야 더 말할 게 있겠습니까. 70억 인구 중에 나와 똑같은 사람은 단

언컨대 단 한 명도 없습니다. 만약 나와 같은 사람이 유난히 많다고 느낀다면 아마도 외부의 기준으로 자신을 판단하기 때문일 겁니다. 예를 들면 혈액형이나 MBTI[4]와 같은 것으로 말이죠.

평균적인 30대의 한국 남자는 어떤 모습을 하고 있을까요? 통계청 및 각종 보고서에서 취합한 30대 한국 남자에 대한 정보입니다. 성은 김씨, 거주지역 경기도, 키 173.99cm, 몸무게 76.75kg, 초혼연령 32.1세[5], 가구 총소득 436만 원, 부채 포함한 자산 31,196만 원[6] 어떤가요? 주위에 일치하는 사람이 몇 명이나 있나요? 비슷하긴 해도 정확히 일치하는 사람을 찾기는 쉽지 않을 겁니다. 모든 통계자료가 그렇듯, 평균적인 30대 한국 남자도 애당초 통계에서만 존재하기 때문이죠.

혹시 지금까지 연봉, 재산, 외모, 학력을 남과 비교해왔다면 지금부터는 경쟁에서 벗어나 존재 자체로 유일한 당신에게 좀 더 집중하며 사는 게 어떨까요.

07

스트레스를
대하는
자세

스트레스는 원인과 증상으로 구별된다고 합니다. 안정된 상태에 있던 사람의 안정을 깨는 모든 정신적, 육체적인 자극이 스트레스의 원인이라고 하죠. 크게는 외적인 원인과 내적인 원인으로 나뉩니다. 실직이나 소중한 사람과의 결별, 핸드폰 분실이나 점심 메뉴 고민, 또는 주위의 소음이나 온도 변화 등은 외적인 요인입니다. 카페인 섭취나 수면 부족, 자기 비난이나 완벽주의 등은 내적인 요인이라 볼 수 있고요. 이런 원인으로 신체에 불균형이 생기면 우리 몸은 이전의 안정된 상태를 회복하기 위해 반응을 보이는데 그것을 증상이라 부릅니다. 심장이 두근거리거나, 잠을 자지 못하거나, 근심이나 걱정이 생기는 것들이 스트레스 증상이죠. 그중에서도 공황장애나 우울증으로 이어지는 심각한 스트레스는 가능한 한 빨리 알아차리고 조절해야 합니다.

부정적인 스트레스, 참는다고 해결 안 됩니다
지속해서 개인의 개성이 억압되는 상황이 이어지면 부정적인 스트레스가 쌓입니다. 여기 두 분의 사례가 있습니다.
　　직장인 C씨는 직장상사와 매우 불편한 관계를 유지하고 있었습니다. 최선을 다해 일하는데도 사사건건 시비 거는 상사 때문에 자다가도 깰 만큼 스트레스가 심했습니다. 성격 좋던 사람이 직장생활 몇 년 만에 눈이 퀭해지고 입만 열면 상사에 대한 원망과 욕이 한가득 나오더랍니다. 그 사실을 아는지 모르는지 한층 더 집요하게 괴롭히는 직장상사 때문에 식욕까지 떨어졌죠. 상사와의 관계 회복을 위해 노력하던 C씨는 결국 이직을 떠올립니다. 그러나 마땅한 일자리를 찾을 수 없었습니다. 모든 것이 짜증나고 괴롭기만 했습니다.

40대 중반의 J씨는 가정주부입니다. 열심히 공부해서 원하는 대학에 갔고 졸업 후 마음이 맞는 사람과 몇 년 연애하다 결혼했습니다. 결혼생활 5년 차에 임신하게 되었고요. 그런데 점점 불러오는 배 때문에 일은 고사하고 출퇴근도 힘들어졌습니다. 일을 쉴 생각은 없었지만, 막상 아이를 키울 생각을 하니 자신이 없어졌죠. '딱 1년 만 육아에 전념하자.' 당시만 해도 육아휴직 쓰는 분위기가 아니었지만 용기를 내어 퇴직했습니다. "지금 나가면 못 돌아와." 동료들이 말렸지만, 선택의 여지가 없었죠. 그렇게 1년만 쉬기로 했는데 어느덧 아이는 중학생이 되었습니다. 한창 공부에 집중할 때라 대학입학 전까지는 꼼짝없이 아이 곁에 있어야만 합니다. 평소와 같은 아침. 남편과 아이를 배웅하고 J씨는 텅 빈 집에 홀로 남겨집니다. 가족들이 남긴 반찬에 밥을 먹다가 자기도 모르게 눈물이 왈칵 쏟아지죠. '나도, 꿈이 있었는데.' 출산 후유증으로 잠시 겪은 우울증은 그렇게 40대 중반에 J씨를 다시 찾아왔습니다.

지인의 경험담이지만, 사실 매우 흔한 일입니다. 어쩌면 이 글을 읽는 독자분의 모습일 수도 있습니다. 사람들은 말합니다.

"다들 그렇게 살아요. 세상에 어떻게 원하는 것만 하고 산답니까. 마음 다잡고 견뎌보세요. 금방 지나갑니다."

참아보니 어떻던가요? 편해지던가요? 참는다고 해결될 문제가 아닙니다. 두근거림이 하도 심해서 심장병인 줄 알고 병원에 간 사람도 있습니다. 생각보다 이런 분이 많죠. 우울증에도 단계가 있다고 합니다. 당장 치료가 필요한 수준이 아니라면 조금씩 마음의 문을 열어 쌓인 감정을 흘려내기만 해도 어느 정도 치유가 됩니다. C씨와 J씨의 이야기로 다시 돌아가 보겠습니다.

C씨는 결국 이직을 했습니다. 연락해보니 자기를 괴롭히던 상사와 떨어져서 아주 살 만하다고 합니다. 피부마저 반짝반짝 빛나는 것을 보면 확실히 마음이 편해진 모양입니다.

J씨는 본인의 한계를 잘 알고 있었습니다. 예전에 하던 일을 다시 하기에는 공백기가 너무 길었다는 것을. 사실 반드시 그 일을 다시 할 필요도 없었습니다. 복직이 아니라 자신을 위로하기 위해서 자기가 하고 싶은 일을 하는 게 가장 중요했으니까요. 그래서 아이들을 학교에 보내고 평일 낮 동안 할 일을 찾았습니다. 생각보다 관심 분야의 모임이 많았죠. 용기를 내서 한곳에 나간 것을 계기로, 이제는 세 개의 모임에 나갑니다. J씨는 요즘 바쁘다는 말을 입에 달고 삽니다. 원하던 일을 하느라 바쁜 사람은 표정부터 다르죠. 어린아이처럼 신나있고 행복해 보입니다.

흘려보내거나 일단 도망치기

만약 누군가 "요즘 무슨 일 있어? 표정이 왜 그래?" 하고 걱정하면 흘려듣지 말고 곰곰이 생각해보기 바랍니다. 자신도 모르는 사이에 부정적 스트레스가 자라진 않았는지 말이죠. 만약 그런 스트레스를 받고 있다면 무조건 견디기보다는 해결책을 마련하는 것이 좋습니다. 주위 사람이 뭐라 하든 신경 쓰지 않는 내면의 단단함을 갖추는 게 가장 좋겠지만, 멀리 피하는 것도 방법입니다.

지금을 극복하지 못하면 다음번에도 같은 상황에 부닥친다고들 합니다. 저는 그 말이 강 건너 불구경 같은 조언이라 생각합니다. 당장 삶의 질이 최악인데 나중까지 걱정할 시간이 어디 있나요. 일단 피하고 그때 가서 고민해도 늦지 않습니다. 여건이 된다면 새로운 사람들과 대화를 해보세요. 대화는 마음을 진정시키는 데 도움이 될 뿐만 아니라, 타인의 모습을 통해 자신의 또 다른 모습을 발견하는 데도 도움이 되니까요.

저는 모임을 진행할 때 서로의 직업과 나이를 공개하지 않도록 합니다. 익명성을 유지하기 위해서죠. 친목 활동도 최대한 자제합니다. 그저 어느 하루 날 잡고 와서 자기 하고 싶던 이야기만 하고 가도 내 안의 응어리는 상당 부분 풀어진다는 사실을 모임을 운영하면서 깨달았으니까요. 가족이나 친구가 아니어서 오히려 더 편하게 이야기를 꺼낼 수도 있고요. 어떤 방법을 쓰든 간에, 부정적인 스트레스는 그때그때 풀어주어야 합니다. 그래야 인생이 개운해집니다.

08

자격증資格證이
아닌
자격증自格證

전문학교에서 요리를 배울 때였습니다. 대부분 저와 같은 요리 초보였는데 딱 한 분은 달랐습니다. 입학 초기에 칼을 한 자루씩 받는 시간이었죠.

"그 칼 말고 제 칼을 사용해도 되겠습니까?"

깜짝 놀라 쳐다봤습니다. '자기 칼이 있다고?' 조리대 아래에서 조용히 하얀색 두루마리를 꺼내서 펼치는데 손때 묻은 대여섯 자루의 날카로운 칼이 보이더군요. 한 뼘밖에 되지 않지만 쳐다보기만 해도 베일 듯이 날카로운 칼부터 마름모 모양의 칼, 넓적한 칼까지, 종류도 다양했죠. 손잡이에 묻은 손때만큼이나 실력도 출중했습니다.

알고 보니 일식으로 이미 상당한 경력을 쌓은 분이었습니다. 한식도 수준급인데 굳이 왜 여기서 배우시나 싶을 정도였죠. 아무리 요리를 잘해도 자격증이 있어야 일정 규모 이상의 가게를 꾸릴 수 있으니 자격증을 따려고 왔던 겁니다.

고기 굽기 전문가 자격증 같은 건 없지만

간혹 자격증을 무조건 대단하게 여기는 사람들이 있습니다. 물론 대단한 자격증도 있지만, 사실 대부분은 조금만 노력하면 취득할 수 있는 것입니다. 자격증이 있다고 해서 무조건 실력이 있는 것도 아니고, 자격증이 없다고 해서 실력이 없다고 단정할 수도 없죠. 게다가 세상에는 자격증과 상관없이 특출한 재능이 있는 사람들이 많습니다.

그런 재능 중 하나가 인간관계입니다. 조직에서 유독 인정받는 사람이 있습니다. 아무리 복잡하게 얽힌 일도 그 사람이 나서면 금방 분위기가 풀립니다. 그러나 그의 대인관계 기술을 인증해주는 자격증은 없습니다. 고기 잘 굽는 사람은 또 어떻습니까? 다 함께 고기 먹으러 가면 집게는 언제나 그 사람 몫입니다. 같은 삼겹살이라도 그 사람이 구우면 차원이 다른 맛을 냅니다. 언제 뒤집어야 하는지 꿰고 있으니까요. 말 그대로 고기 굽는 게 예술인 사람입니다. 너나 할 것 없이 고기 굽는 전문가라고 엄지손가락을 치켜세우지만 고기 굽기 전문가 자격증 같은 건 없죠.

아무리 사소한 것이라도 반복하다 보면 그 분야에서는 독보적인 기술을 갖게 됩니다. 대개는 이런 건 기술이라고 할 게 못 된다고 겸손하게 생각합니다. 누군가는 그 기술로 큰 인기를 얻고 있는데 말이죠. 단순한 아이템으로 성공한 사람들은 한결같이 말합니다. "필요는 한데 없더라고요. 그래서 제가 시작한 거죠."

아무리 사소한 것이라도 자기만의 특출한 개성을 알아차리는 일이 중요합니다. 위엄 있는 중저음의 목소리를 가지셨나요? 뭇 여인의 마음을 녹이는 개인방송의 디제이가 될 수 있습니다.

태국의 골목골목을 상세히 알고 있으신가요? 패키지여행에 지친 여행객들이 당신을 팔로우할 것입니다. 세상에서 인정하는 저음 자격증, 태국 골목 자격증은 없지만 누가 뭐래도 당신은 그 분야의 자격증自格證을 지닌 사람입니다.

지금은 개성이 주목받는 시대입니다. 내 개성으로 직업을 바꾸고 인생을 바꾸는 사람들이 매일같이 등장하고 있습니다. 그토록 바라던 생긴 대로 살면서 돈까지 벌 수 있는 세상이 벌써 펼쳐졌습니다.

후회를
남기지 않는
지혜

같은 곳만 다니고, 같은 사람만 만나면 그곳이 세상 전부라 착각하게 됩니다. 제가 그랬습니다. 직장생활을 하면서 그 안에서 일어나는 일이 세상 전부인 양 울고 웃었죠. 그런데 퇴사한 후 전국을 다니며 토론을 하다 보니 세상에는 정말로 다양한 사람들이 있다는 사실을 알게 되었습니다.

외국에서 직장생활을 하는 H씨. 그녀는 캐나다에서 일했고, 일본에서 일한 경험도 있습니다. 지금은 대만에서 일하는데 그분이 보고 경험한 것이 얼마나 다양할지 상상도 안 됩니다. 똑같은 24시간을 살아가는데 누구는 세상을 보고 누구는 동네를 봅니다. 무엇이 더 낫다의 문제는 아닙니다. 다만 저는 H씨의 삶이 참 자유로워 보입니다. 한국을 포함하여 총 4개 국가에서 살아본 사람의 마음에는 어떤 세상이 새겨져 있을까요?

공무원을 그만두고 책 만드는 일을 하는 30대의 김태한 씨는 말합니다.

"만약 계속 직장에 다녔다면 이렇게 다양한 작가분을 만나 세상을 보는 눈을 키우지는 못했을 겁니다. 지금까지 제 인생 최고의 결정은 직장을 나와 책 만드는 일에 도전한 겁니다."

부산에 사는 20대인 B씨는 어떨까요? 젊은 나이에 취직한 곳이 도무지 몸에 맞지 않아 회사를 나왔습니다. 지금은 모든 일을 멈추고 자기만의 것을 찾기 위해 노력하고 있습니다. 말 그대로 이것저것 다 해보면서요. 분명한 건 이런 분들은 결국 자기만의 색깔을 찾아낸다는 것입니다.

걱정을 해서 걱정이 없어지면 걱정이 없겠네

죽기 전에 하는 후회 중에 빠지지 않는 것이 '벌어지지도 않은 일에 대해 걱정한 것' '배우고 싶은 것을 배우지 않은 것'이라고 합니다. 누구에게나 24시간은 공평하게 주어집니다. 그 시간을 어디에 쓰는지에 따라 훗날 후회할 일이 많고 적음이 결정 나죠. 저는 그 시간을 최대한 저에게 할당하며 살려고 합니다. 이 책을 쓰는 이유도 마찬가지입니다. 언젠가 책 한 권은 꼭 써보고 싶었거든요. 열정을 품고 했던 일을 책으로 남기면 훗날 아이에게 큰 선물이 될 수 있으니까요. 누군가에게는 위안이 되거나 도움이 될 수도 있고요. 이 책이 출간되면 마지막 순간에 '아 그때 책을 썼어야 했는데.'라며 후회하진 않겠죠. 다만 이 책을 써서 후회될 일은 없도록 신경 써서 다듬고 있습니다.

스포츠경기가 재밌는 이유는 결과를 모르기 때문입니다. 막판 뒤집기가 있으니까요. 만약 경기 결과를 미리 알면 어떨까요? 긴장감이 없어져서 재미가 뚝 떨어지겠죠. 인생은 어떨까요? 결과를 몰라서 기대되시나요? 불안하신가요? 미래의 트렌드에 촉각을 곤두세우고, 21세기에도 여전히 점占집이 성행하는 것을 보면 기대보다는 불안을 더 크게 느끼는 듯합니다.

　'걱정을 해서 걱정이 없어지면 걱정이 없겠네.' 티베트 속담입니다. 괜한 걱정하실 필요 없습니다. 미리 인생을 살아보신 분들의 고백에서 지혜를 얻어서 하고픈 일 하면서 후회 남기지 않고 사는 건 어떨까요?

나를 찾아줘

살다 보면 어울리지 않는 옷을 입어야 하는 상황도 분명 존재합니다. 그러나 그 시간이 길어질수록 무기력함과 좌절감 또한 깊어집니다. '나와 어울리는 삶'을 회복할 때 우리는 다시 활기를 얻고 미래에 대한 기대를 갖게 됩니다.

1. 언제 답답함이나 스트레스를 느끼나요?

_____

_____

_____

_____

2. 당신에게 어울리는 삶은 무엇인가요?

_____

_____

_____

_____

3. 나와 비슷한 사람들을 어떻게 만날 수 있을까요?

_____

_____

_____

_____

4. 구체적으로 어떤 일을 하면 행복할 것 같나요?

_____

_____

_____

_____

5. 있는 자리에서 뛰쳐나오는 것이 두려운 이유는 무엇일까요?

_____

_____

_____

_____

6. 10년 뒤에 죽는다면 당신은 무엇을 하겠습니까? 1년이면, 6개월이면,
   내일이면?

_____

_____

_____

_____

3

개성을 짓밟는 괴물들

개성을 회복하면 정신과 육체뿐만 아니라 대인관계도 더 건강해집니다. 무절제한 욕구충족이 아닌 유도미사일처럼 정확한 욕구충족도 가능하고요. 부정적인 스트레스도 줄어들고, 잘만 하면 직업으로까지 이어져서 새로운 인생을 살 수도 있습니다. 무엇보다 마지막 순간에 후회를 줄일 수 있다는 점이 가장 매력적이죠.

개성 있게 사는 삶이 이렇게 좋은데도 왜 다들 개성 있게 살지 않을까요? 때로는 문제 그 자체보다 문제의 원인을 모를 때 더 고통스럽습니다. 이 장에서는 나도 모르는 사이에 생각에 영향을 미쳐서 개성을 억압하는 것들에 대해 알아보려 합니다.

물론 생각에 영향을 미치는 것을 일반화할 수는 없습니다. 각자 처한 상황이 천차만별이거니와, 설령 같은 상황이라 해도 사람마다 해석이 다를 테니까요. 하지만 이런 시도가 아주 의미 없지는 않으리라 생각합니다. 적어도 무엇을 발견하려면 인식하는 데서부터 시작해야 하니까요.

우리가 인식하고 있지 않은 것들을 발견할 수도 없고 탐구할 필요도 없다고 생각할 때보다도 알지 못하는 것을 탐구해야만 한다고 우리가 생각할 때 우리는 더 나아지고 더 사람다워지며 덜 게을러질 거라는 사실. 바로 이것을 위해 난 기필코, 내가 할 수 있다면, 말뿐 아니라 행동으로도 싸우려는 것입니다.[7]

개성을 짓밟는 괴물들

새장에
갇힌
새

김상호 씨는 한 회사에서 13년을 보낸 샐러리맨이었습니다. 매사에 근면·성실하고 회사생활이 체질이라고 할 만큼 일 중독이라서 승진도 빨랐죠. 그러나 일 처리가 빠를수록 직장에서는 더 많은 일을 맡겼습니다. 지켜보기도 벅차다고 느낄 정도로 업무에 시달렸습니다.

좋아서 들어온 직장이라 한동안은 버텼지만, 언제부턴가 마음 한편에 자리한 불안이 커지며 서서히 몸도 힘들어졌습니다. 그러다 턱하고 숨이 막히고 사지가 저릿하게 마비되는 경험을 합니다. '이러다 죽을 수도 있겠다.' 스트레스가 몸을 크게 상하게 할 수 있음을 체험한 것입니다.

이후 그는 자신의 삶을 진지하게 돌아봤습니다. 그러던 중 그의 시야에 환하게 들어온 장면이 있습니다. 바로 헤어커트 영상입니다. '사각사각' 가위질하는 손끝에 시선을 집중하고 화면을 응시했습니다. 접었던 꿈 중 하나였죠. '해볼까? 지금이라도 시작할 수 있을까?' 하고 생각할 때 가슴은 한 걸음 먼저 뛰었다고 합니다.

상호 씨는 이용사 학원에 등록해서 몇 달 후 자격증을 취득했습니다. 그는 해당 업계에 사무직으로 취직함과 동시에 구로동에 자신의 바버숍barbershop도 오픈했습니다.

"새 일은 어떠신가요?"

"업무량을 따지자면 직장생활 할 때와 크게 다르지 않아요. 대신 전보다 출근 시간이 훨씬 자유로워진 덕분에 아침마다 아이들을 씻기고 유치원 등원시켜주는 재미를 알게 되었네요. 아이들과 가깝게 지낼 수 있어서 요즘 무척 행복합니다. 월급쟁이 반, 자영업자 반의 삶인데 바로 제가 꿈꾸던 일상입니다. 참, 두통이 사라졌습니다!"

자유의지를 지우는 교묘하고 일상적인 방법

우리는 모두 자유의지를 가진 존재지만 안타깝게도 그것을 반납한 채 살아갑니다. 자유의지를 포기시키면 개인을 통제하기 쉽습니다. 반면 자유의지를 가진 존재는 통제와 조종이 어렵죠. 조직에서 창의력보다 협력과 융화를 우선 가치로 두는 것도 개인의 의사표출을 제한하는 편이 유리하다고 보기 때문입니다. 인류사만 보더라도 국가는 늘 소수에 의해 통제됐습니다. 권력을 독점한 소수의 세력은 신분을 구분하고 의사 표현의 자유를 제한할 때 다수를 통치하기 쉽다는 걸 알았던 거죠.

고대 로마 시대에는 전쟁이 끝나면 사로잡은 포로를 줄줄이 묶어서 끌고 오는 것이 개선 행진의 백미百媚였다고 합니다. 포로들은 경매를 통해 물건처럼 팔렸고요. 15세기 후반에서 18세기 중반까지 유럽의 각 국가에 의해 전 세계에 노예무역이 횡행한 사실도 우리는 익히 압니다. 자유의 나라 미국에서조차 노예

제도가 폐지된 것은 불과 150년 전이죠.

요즘 같은 시대에 사람 목에 줄을 채워 일을 시킨다는 건 상상할 수도 없습니다. 표면적으로나마 타인의 자유를 완력으로 구속할 수 있는 시대는 거의 끝났죠. 그러나 노예제도의 본질은 육체의 물리적인 구속에만 있지 않습니다. 타인의 자유를 속박함과 동시에 신체적·정신적 역량을 자신의 목적을 위해 사용하게끔 강제하는 것이 본질이니까요. 과연 완력을 사용하지 않고도 내가 원하는 대로 상대를 움직이게 만들 수 있을까요? 프랑스의 철학자 앙드레 글뤽스만André Glucksmann은 말합니다.

지배자와 신민은 부모와 자식의 관계와 같다. 정교한 교육을 거쳐 모든 신민은 지배자와 함께 혹은 지배자처럼 생각한다. 아니 좀 더 정확히 말하면 지배자가 그들 속에 들어앉아 생각하게 된다. 그리해서 그들은 자신을 노예처럼 느끼거나 반항하는 마음을 내면에서 아예 지워버린다. 교육의 최종적 진실은 결국 세뇌이다.[8]

개성을 억압하는 빅 브라더

2차 세계대전을 일으킨 장본인 히틀러는 교과서를 장악하여 그의 사상을 전 독일국민의 머릿속에 심었습니다. 유치원에서 대학교에 이르기까지 철저히 그의 사상을 주입했죠. 그 결과 인류 역사상 가장 끔찍한 사건 중 하나인 홀로코스트가 발생했습니다. 당시 독일군은 그들이 저지른 범죄에 대한 일말의 죄의식도 없었다고 합니다. 교육받은 대로 하는 거니 오히려 정의를 실현한다고 믿었던 겁니다.

이러한 비극은 독일에 국한된 이야기가 아닙니다. 학교 담벼

락 안에서는 교육이란 핑계로 그 사회의 지배이데올로기에 적합한 표준인재가 육성되고, 밖으로는 대중매체를 통해 프로파간다가 실시간 송출되고 있습니다. 어떻게든 우리의 생각을 바꿔서 자신들이 원하는 대로 움직이게 만들기 위해서죠. 개인은 자신이 살아가는 세계의 통제를 받습니다. 국가를 선택할 수 없으니 태어난 세계가 그의 정체성을 결정하는 것은 당연한 이치입니다. 정신 바짝 차리고 있더라도 환경 앞의 개인은 무력해지기 십상입니다.

저는 직장을 다니면서 적게는 수천만 원에서 많게는 수백억짜리 계약서를 작성해봤습니다. 다양한 회사에서 근로계약도 맺어봤지만, 계약이란 것은 늘 아쉬운 쪽이 불리하기 마련입니다. 근로계약 내용을 한 문장으로 요약하면 이렇지 않을까요. '당신의 개성이 무엇이든 간에 지급한 금액만큼 당신에게 측정된 기업이윤을 창출해내야만 한다.' 계약서에 서명하는 순간 개인의 개성은 소멸의 위기에 처합니다. 하루 이틀이 아닌 최소 이삼십 년 이상 그 상태가 유지되죠.

일상이 모여 일생이 됩니다. 할 수만 있다면 개성을 억압하는 것들에서 벗어나는 편이 우리의 삶을 회복할 수 있는 첫걸음이 아닐까 생각해봅니다.

개성을 짓밟는 괴물들

02

아버지처럼
살고 싶지는
않았는데

"왜 그 직업을 선택하셨나요?"
"글쎄요. 어쩌다 보니 이 일을 하고 있네요."

직업을 선택한 이유를 물어보면 흔히 저런 식의 대화가 진행됩니다. 일생 중에 가장 많은 시간을 써야 하는 일인데도 불구하고 정체성이나 소명을 고민하는 사람이 그만큼 적다는 말이겠죠. 내친김에 한 번 더 물어봅니다.

"부모님의 직업은 무엇인가요?"

생각보다 많은 이들이 부모님과 같은 직업을 가지고 있었습니다. 어째서일까요? 회사원이야 그 수가 워낙 많으니 우연의 일치라 해도, 오랜 공부를 해야 하는 전문직이 대물림되는 현상을 보면 참 신기합니다. 팔다리 길이, 눈꺼풀의 생김새가 부모와 닮듯, 지능도 부모를 닮는 것일까요. 그런데 천재라 불리는 극소수를 제외하면 사람들의 지능에는 큰 차이가 없다고 합니다. 그러니 대를 이은 전문직 종사를 타고난 머리 탓으로만 돌리기에는 무리가 있습니다. 그보다는 가정환경이 자녀의 직업에 더 큰 영향을 끼쳤다고 보는 편이 타당해 보입니다.

부모를 닮은 명함

아이들이 부모를 닮는 것은 사실 놀라운 일은 아닙니다. 세상 지식이 짧은 아이에게 모범이 되는 대상은 바로 부모니까요. 독서가 부모의 아이가 자연스레 책을 가까이하고, 운동선수의 자녀가 어릴 때부터 운동을 접하는 것은 당연합니다. 한지에 물감이 서서히 물들듯 말투와 행동, 생각까지 닮아가는 것이 바로 부모의 영향이니까요. 부모와 같은 직업을 선택하는 것 자체는 문제가 아닙니다. 다만 부모가 맞닥뜨린 한계를 자녀도 똑같이 느낄 때 문제가 됩니다.

회사원이었던 아버지의 영향으로 회사원이 된 친구 S. 그의 차장승진을 축하하기 위해 다 함께 모인 적이 있습니다. 입사 때만 해도 대기업 직원이 되었다는 사실에 자부심이 대단했던 친구입니다. 승진을 거듭하면서 연봉도 가파르게 상승했으니 인생이 순탄하게 풀리는 듯했습니다. 아버지가 은퇴하시기 전까지는 말이죠.

"은퇴한 후에 부쩍 의기소침해지셨어. 연금 받아 생활하려니 아무래도 막막하신가 봐. 어머니 눈치도 보시더라. 하아, 이제 와서 이직해봐야 다 거기서 거긴데, 난 앞으로 어떻게 해야 하냐."

아버지를 통해 미래의 자신의 모습을 본 S는 말하는 내내 한숨을 그치지 않았습니다. 한창 들떴던 대리승진, 과장승진 때와는 달리 이번 차장승진은 묘한 여운을 남겼죠.

전문직이라면 상황이 다를까요? 의사 부모님을 따라서 의사가 된 K씨는 힘든 공부를 마치고 그토록 바라던 개업까지 했습니다. 처음 몇 달간은 정말 열심히 환자를 봤다고 합니다. 그러다 전혀 생각지도 못한 문제에 부딪혔습니다. 쉴 시간이 없는 겁니다. 몸이 피곤하니 환자를 치료하는 보람도 느낄 수 없었고요.

"저희끼리는 이런 이야기를 해요. 삶의 질로 치면 의사가 최악일 거라고. 좀 쉬면 안 되냐고요? 임대료랑 장비 렌트비, 직원들 월급까지 한 달에 수천만 원 나가요. 회사원은 휴가 내도 월급은 들어오잖아요. 저는 휴가 쓰면 바로 마이너스예요. 돈독이 오른 게 아니라 쉬면 망한다니까요. 그러고 보니 어렸을 때 저희 부모님도 항상 피곤해하셨죠. 나는 그러지 말아야지 했으면서 지금 딱 그렇게 살고 있네요."

여전히 전문직에 종사하는 이들의 수입만 보고 부러워하는 사람들이 많습니다. 모든 일에는 대가가 따르는 법인데 말이죠. 시간은 생각보다 금방 지나갑니다. 잠깐 한눈파는 사이에 어른이 되어버리죠. 내가 진짜로 하고 싶은 일이 무엇인지 고민하지 않으면 어느새 부모님과 같은 일을 하면서 같은 후회를 하는 자신을 발견할지도 모릅니다. '난 절대 저렇게 살지 말아야지.'라고 생각했던 바로 그 모습 말이죠. 늦은 때란 없습니다. 지금이라도 자기의 인생을 살아야 합니다.

사사건건
타인에게 의존하는
습관

강원도에서 동굴탐험을 한 적이 있습니다. 굴로 들어가면 갈수록 점점 통로가 좁아졌고 어느덧 아이 하나 간신히 드나들 만큼 좁은 통로에 다다랐죠. 엎드려서 바닥에 고인 물을 손으로 짚어가며 천천히 앞으로 나아갔습니다. 얼마나 기었을까, 좁고 긴 터널을 모두 지나고 나니 마침내 큰 광장이 나타났습니다. 잠시 숨을 고른 후에 인솔자의 지시에 맞춰 모든 조명 도구를 일제히 껐습니다. 태초의 어둠이 이럴까요, 지금껏 겪어본 중에 가장 어두운 세상이 펼쳐졌습니다. 옆 사람은 물론이고 손가락을 눈 바로 앞에 대어도 전혀 보이지 않았죠. 두려움이 엄습했습니다.

스스로 선택해본 적이 있어야지

'나는 과연 무엇을 잘할 수 있을까?' 개성을 찾기 위해서 고민 끝에 퇴사한 후 매일 자신에게 던진 질문입니다. 치열하게 고민했지만, 답을 찾을 수 없었습니다. 답을 찾아야 한 걸음이라도 떼볼 텐데, 질문에 갇혀서 오도 가도 못 하는 신세가 되어버렸습니다. 캄캄한 동굴 한가운데에 홀로 버려진 아이처럼. 이대로 시간이 흘러서 결국 남들이 은근히 기대하는 대로 형편없는 인생을 살게 될까 봐 초조해졌습니다. 대상을 잃은 원망이 마음속에서 마구 쏟아지더군요. '왜 나는 이 나이 먹고도 뭘 해야 할지 모르는 걸까. 왜 이렇게 멍청할까?'

스스로 결정하고 그 결정에 책임을 져본 경험이 부족하기 때문이었습니다. 책임이 두려우면 결정을 위임하게 됩니다. 남의 견해, 조언에 목을 매는 거죠. 그러다 보면 자신만의 개성으로 무언가를 해결해 나갈 본성이 사라집니다.

무슨 전공을 택하고 어떤 직업을 가질지, 누구와 결혼하고 아이는 어떻게 키워야 할지 하나부터 열까지 타인에게 의존하는 어른이 너무나도 많습니다. 이런 사람들은 자기 자신에 대한 질문도 깊게 하지 않습니다. 제가 그랬습니다. "저는 어떤 사람인가요?" "앞으로 어떻게 살아가면 좋을까요?" "어떤 사람을 만나면 행복할까요?" 늘 남에게 답을 구하려 했습니다.

사사건건 타인에게 의존하는 습관은 비단 자기에게서 끝나지 않습니다. 자녀에게도 똑같이 합니다. "누가 그러던데 이게 좋단다, 저 사람은 어떻게 해서 성공했다더라." 수많은 가정의 악습은 이렇게 태어납니다.

그 누구도 인생의 정답을 말해 줄 수 없습니다. 나의 인생, 나의 정체성은 내가 만들어 가야만 합니다.

결정하지
않으면
결정 당합니다

프랑스의 철학자이자 교육부 장관을 지낸 쥘 시몽Jules Simon은 교육에 대해 다음과 같은 말을 남겼습니다.

> 강의를 듣기만 하고, 문법이나 요약문을 외우며, 잘 반복하고 잘 모방하는 것은 비난받아 마땅한 교육 형태이다. 이러한 교육을 위해 쏟는 모든 노력은, 선생은 오류를 저지르지 않는다고 맹목적으로 믿는 행위이며, 결과적으로 우리의 능력을 위축시키고 무능하게 만들 뿐이다.

1936년에 개봉한 찰리 채플린의 영화 《모던 타임즈》에서 주인공은 공장에서 온종일 나사못을 조이는 일을 합니다. 사수가 알려준 대로 따라 하면 누구라도 할 수 있는 일이죠. 스패너가 지금은 키보드로 바뀌었을 뿐.

저도 직장생활을 해봤지만, 대부분 업무는 전임자가 하던 일 그대로였습니다. 업무설명서도 잘 구비되어서 보통의 지능만 있으면 누구라도 금방 익숙해질 일들이었죠. 대기업이라서 그런가 싶었지만 작은 규모의 회사로 이직해봐도 일의 본질은 같았습니다. 차이라면 대기업에서는 세 명이 할 일을 여기에선 혼자서 해야 했고, 인수인계용 업무설명서를 제가 직접 만들어야 한다는 것 정도랄까요.

상황이 이러니 관리자들은 자연히 불평 많은 사람보다 고분고분한 사람을 선호하게 됩니다. 차기 리더로 키울 소수의 인원은 따로 관리하기 때문에 논외로 하겠습니다. 말썽부리지 않는 직원들을 모아다가 매년 조금씩 연봉 높여주고 때가 되면 새사람으로 갈아주는 것. 아마도 회사 차원에서는 가장 안정적인 조직 운영방법이 아닐까 합니다.

퇴직을 위로하는 술자리에 자주 참석했습니다. 당연한 이야기지만 그런 자리는 분위기가 별로 좋은 편이 아닙니다. 특히나 그날의 주인공이 평소 입버릇처럼 "내가 전문가"라고 말하던 상사라면 더욱 우울한 자리가 되곤 했죠. 이런 분들에게는 섣불리 위로의 말도 건네지 못했습니다. 그의 모습이 곧 나의 모습이 되리란 걸 알았기 때문입니다.

은퇴 후에 할 일도 알려주세요

일에 대한 패러다임이 평생직장에서 평생직업으로 바뀌고 있습니다. 그러나 여전히 많은 사람이 직장에 삶을 의존하는 게 현실입니다. 영원하지 않을 걸 알면서도 애써 그 사실을 외면하며 한 달 한 달을 버티다가 운이 좋으면 60대, 빠르면 50대에 은퇴하게 됩니다. 그 나이에 은퇴하면 단순 서비스직 외에는 마땅한 일자리가 없습니다.

그나마 홀몸이면 퇴직금으로 잠깐의 여유라도 즐길 수 있지만, 가정이 있다면 사정이 다르죠. 그 나이대에는 자녀들이 대학에 진학했거나 취업을 했어도 시집·장가를 가기 전이어서 여전히 목돈이 필요합니다. 절박한 심정의 은퇴자들에게 요식업은 한 줄기 빛으로 느껴질 겁니다.

주입식 교육에 익숙한 사람들에게는 질문보다 정답을 알려주는 사람이 더 환영받는 법입니다. 특별한 기술이 없어도 음식점을 차릴 수 있고 1~2억 투자로 한 달에 월 350만 원, 많으면 월 500만 원의 수익을 가져갈 수 있다는 설명은 꽤 그럴듯합니다. "사장님이 직접 뛰셔서 직원 한 명 덜 고용하면 월 200은 추가로 가져가실 수 있어요." 그간의 회사 짬밥으로 계산기를 두드려보니 허황되지 않고 충분히 수긍할 만한 제안이라는 생각에 덜컥 가맹계약을 맺습니다. 그렇게 한국은 프랜차이즈 공화국이 되었고, 경험 없이 덥석 요식업에 진출한 결과 2017년 기준 음식점 자영업의 폐업률은 90%를 넘었습니다.

예순이 넘은 나이에도 할 일을 제시해주지 않으면 움직이지 못해서 실패하는 경우가 일상다반사로 일어나고 있습니다. 결정하지 않으면 결정 당하고 맙니다.

05

스스로
생각하고 말하기를
잊어버린 사람들

모임을 운영해보니 먼저 발언하는 분들은 손에 꼽을 만큼 적다는 사실을 새삼 깨달았습니다. 대부분은 누군가 먼저 말을 꺼냈으면 하고 은근히 눈치를 봅니다. 대놓고 "저는 듣는 것이 더 좋습니다."라며 아예 발언하지 않으려는 분들도 있었죠. 발언하는 분들도 실수하면 큰일이라도 나는 것처럼 "맞을지 모르겠지만" "아닐 수도 있는데"라고 운을 떼고 말하거나, 발언을 마치고 "생각해보니 아닌 것 같네요."라며 급하게 자신의 의견을 부인하는 모습을 자주 봤습니다.

한편 제가 어떤 의견을 제시하면 "맞아요, 맞아요."라며 받아적을 기세로 임하는 분들도 꽤 있었습니다. 제가 주제를 꺼냈으니 정답을 알고 있으리라 생각하시는 듯했습니다. 사실 저는 해당 분야의 전문가도 아니고 그 분들의 선생님은 더더욱 아닌데도 말이죠. "정답은 없으니 편하게 얘기해주세요."라고 자주 격려해드리지만 여전히 자기 생각을 표현하는 데 자신감이 없는 모습. 확실히 교육에 문제가 있다는 인상을 지울 수 없었습니다.

사실 이런 문제가 토론모임에 국한된 것은 아닙니다. 예전에 오바마 전 미국 대통령이 기자회견 도중에 한국 기자들에게 먼저 질문할 기회를 준 적이 있습니다. 한참을 기다려도 아무도 질문하지 않자, 보다 못한 중국 기자가 질의를 했죠. 이 장면이 매스컴을 통해 알려진 뒤 사람들은 국제적인 망신이라며 떠들어댔습니다. 과연 그 일이 기자들만의 문제일까요? 당장 한국의 교실 수업이나 직장에서의 회의 시간만 봐도 알 수 있습니다. 질문이 없기는 기자나 학생, 직장인 모두 매한가지라는 것을.

작은 용기로 시작하면 됩니다

이런 문제를 다룰 때 빠지지 않고 등장하는 것이 바로 권위주의 교육 또는 후진국형 교육입니다. 이런 교육은 과거 일본강점기까지 거슬러 올라갑니다. 일본은 동아시아 패권을 위한 병참기지로써 조선에 산업화를 일으켰고 산업화에 필수인 노동자양성을 위해 교육을 대대적으로 수정했습니다. 초보 수준의 실업기술 위주로 교육이 진행되었고, 고등교육을 제한한 거죠. 주체적으로 사고하고 판단하는 능력이 자랄 수 없는 교육시스템입니다.

아이러니한 것은 일본도 우리와 같은 문제를 겪고 있다는 사실입니다. 이와 관련하여 일본의 대표 지성이라 불리는 다치바나 다카시는 주장합니다.

일본인들 대부분은 문부성[9]의 이런 완전관리형 교육 시스템에 익숙해져 있기 때문에 이것이 얼마나 특이한 교육 시스템인지 깨닫지 못하고 있다. 분명하게 말해서 이런 교육 시스템은 후진국형[10] 또는 전제주의 국가형[11] 교육 시스템이며, 현대 사회에서도 그런 국가들에서나 존재한다. 일본은 메이지 시대 초에 근대 국가로 출발하면서

개성을 짓밟는 괴물들

서유럽의 근대 문명을 서둘러 흡수하였다. 그리고 그것을 국민 각층에 빠르고 평등하게 보급하기 위해 문부성 중심의 국가통제 교육 시스템을 만들었다. 그것이 근대 사회 초기에 일본을 근대 국가로 출발시키는 데 역사적으로 큰 역할을 담당해왔다. 근대 사회 후반에 이르러 그 시스템의 바람직하지 못한 면전제주의 국가형만이 강력하게 작용하여 문부성은 군부의 파시즘적 체제를 교육적인 면에서 지원하는 군국주의의 기둥이 되었다.[12]

그나마 일본은 이 문제를 심각하게 받아들여 2015년부터 2024년까지 전면적인 교육개혁을 시도하고 있습니다.[13] 메이지 유신에 버금간다고 일컬어지는 이 교육개혁의 목표는 명확합니다. 기초적인 지식을 쌓되, 이를 활용하여 스스로 과제를 해결해 나가도록 사고력과 판단력 그리고 표현력을 기르는 교육을 제공하고 이러한 과정에 능동적으로 참여하는 주체적인 태도를 배양하는 것입니다. 일본의 이런 변화는 우리에게 시사하는 바가 큽니다.

생각은 행동을 만들고, 행동은 습관을 만들고, 습관은 인생을 만든다고 합니다. 이미 눈치를 보는 습관이 몸에 배었다면 어떻게 해야 할까요? 단무지 그릇만 한 작은 용기로 시작하면 됩니다. 모두가 짜장을 외칠 때 짬뽕을 외칠 수 있는 용기 말입니다. 자유로운 인생은 이렇게 작은 용기로 나오는 행동에서 시작되는 법이니까요.

06

잠깐의 여유도 없는 도시생활

언젠가부터 대학교를 졸업하기 전에 취업부터 하는 것이 자연스러운 일이 되었습니다. 그러나 저는 '학교를 졸업한 후에 취업하는 것이 옳다'는 생각에 학교부터 마쳤습니다. 졸업 후에 일자리를 찾으려고 보니 이미 직장에 들어간 친구들이 은근히 부러워졌죠. 너무 늦게 시작한 건 아닌가 하는 생각에 마음이 초조해졌고요. 한낮에 도서관에서 면접서류를 작성하는 제가 경쟁에 뒤처진 것만 같았습니다.

이런 감정은 이직할 때도 생겼죠. 더 나은 조건을 찾아서 이동하는 시기인데도 불구하고 잠깐의 공백이 너무나 길게만 느껴졌습니다. 오랜만에 얻은 휴가라 생각하고 푹 쉬자 마음먹었지만, 일주일이 채 지나지 않아 불안감이 밀려오더군요. 모두 출근한 시간에 집에 있으려니 괜히 부모님 눈치가 보이기도 했습니다. 직장 다닐 때는 그렇게 쉬고 싶더니 막상 벗어나면 초조함과 두려움에 어디에라도 빨리 소속되고 싶단 생각이 간절해지는 아이러니. 한가한 것보다는 차라리 바쁘게 사는 것이 마음 편하다는 사람들이 많은 걸 보면 저만 그렇게 느끼는 건 아닌 모양입니다.

역할이 곧 정체성이 되는 도시의 삶

사람은 환경의 영향을 받기 마련입니다. 사람을 이해하려면 그 삶의 터전을 살피는 것도 매우 중요하죠. 2050년에 이르면 한국의 도시화율은 86.4%가 됩니다. 전 세계 평균인 68.4%보다 약 20%가 높습니다.[14] 첩첩산중에서 자급자족하며 살지 않는 한 대부분 도시에서 살게 된다는 의미입니다. 사실 벌써 그렇게 살고 있습니다. 따라서 우리 삶의 터전인 도시를 이해하려면 무엇보다 먼저 도시가 생겨난 이유를 알아야 합니다.

도시는 개울을 따라 자연스럽게 옹기종기 모여 있는 산골 마을과 달리 그 시작부터 철저한 계획하에 매우 기능적으로 만들어진 인위적인 곳입니다. 경제발전을 위해 상품, 서비스의 생산과 공급이 효율적으로 이루어지도록 모든 시스템을 한데 집약해 놓았죠. 건물 간격은 촘촘하고, 도로는 직선으로 뻥뻥 뚫어놓아서 목적지까지 최단 거리로 이동할 수 있도록 만들어졌습니다. 사람, 기계 할 것 없이 상호 간에 합의되고, 학습된 규칙과 규정을 통해 통제됩니다.

도시 안의 건축물은 모두 목적이 있습니다. 신경과학과 건축 및 환경 설계를 접목해 '심리 지리학'을 이야기하는 인지신경과학자인 콜린 엘러드Colin Ellard는 그의 저서에서 다음과 같이 말합니다.

인간은 건축물을 지어서 지각을 바꾸고 사고와 감정에 영향을 끼치며, 이런 식으로 인간 행동을 조직하고 권력을 행사하고 또 많은 경우에 돈을 벌어들인다.[15]

"당신은 누구입니까?"라는 질문에 "저는 무슨 일을 하는 사람입니다."로 대답하는 것이 익숙한 곳. 역할이 곧 정체성이 되는 곳이 바로 도시입니다. 이 환경에 익숙한 사람들이 가장 두려워하는 일 하나는 바로 역할을 잃는 것입니다. "저는 아무 일도 하지 않습니다."라고 대답하는 자신을 보면서 '나는 더 이상 쓸모가 없는 사람이다.'라고 느끼는 겁니다.

필요 때문에 탄생했고 목적에 맞게 모든 것이 계획적으로 끊임없이 맞물려 돌아가는 도시의 삶이 익숙해지면 잠시의 멈춤도 견딜 수 없게 됩니다. 힘들다고 하면서도 계속 어딘가에 속해야만 안심이 되는 참으로 피곤한 곳에 우리는 살고 있습니다.

07

마르크스가
건네는
위로

"최종면접 통과하셨습니다. 축하합니다."

지금으로부터 약 10년 전. 생애 처음 받아 본 합격 전화에 얼마나 기뻤는지 모릅니다. 몇 달 동안 초조하게 기다렸던 소식이었으니까요. 철들고 나서 처음으로 어머니와 하이파이브까지 할 정도였죠.

그러나 그 기쁨도 잠시. 어느덧 시간은 흐르고 몇 번의 이직을 했습니다. 대개 전 직장보다 조금이라도 좋은 조건을 제시하는 곳이었죠. 연봉이든, 직급이든 아니면 업무환경이든 간에 말입니다. 그러나 이직의 기쁨은 오래가지 않았습니다. 그보다는 빨리 제 몫을 해야 한다는 부담이 앞섰죠.

몇 개월 후 그마저도 익숙해지면 시선은 자연스레 또 다른 곳을 향했습니다. '이게 최선일까? 더 늦기 전에 몸값을 올려야 하지 않을까? 다른 곳은 어떻지?' 감사한 줄도 모르고 다시 비교의식이 싹튼 겁니다. 사회생활이 길어질수록 성공에 대한 제 기준점은 높아지고, 상대적으로 제가 가진 것은 초라해 보였습니다. 승진해도, 인센티브를 많이 받아도 왠지 모를 초조함이 있었습니다.

직장생활 7년 차. 어느덧 결혼도 하고 아이도 생기다 보니 초조함은 이내 두려움으로 바뀌었습니다. 예상보다 이른 나이에 퇴직당하는 선배들을 보면서 제게 남은 시간도 얼마 없다는 생각이 들었죠. 가장 열심히 일했다고 말할 수는 없지만, 나름대로 최선을 다해왔다고 자부하는데 왜 항상 초조하고 두려운 걸까. 대체 뭐가 문제일까.

200년 전 철학자와 나누는 대화

한참 고민하던 가운데 책장에 꽂힌 책 한 권이 눈에 들어왔습니다. 카를 마르크스Karl Heinrich Marx의 《공산당 선언》[16]입니다. 어릴 적에 삐라[17]를 주워서 경찰서에 가져다주던 기억 때문인지 처음에는 읽기가 꺼려졌습니다. 간첩이 될 것만 같은 느낌이 들었다고나 할까요.

그래도 혹시나 해서 책을 펼쳐봤는데 하필 첫 문장이 아주 마음에 들더라고요. '하나의 유령이 유럽을 떠돌고 있다.' 생각보다 재밌을 것 같아서 차근히 읽어 내려갔는데 놀랍게도 그 안에서 그간 느껴온 초조함과 두려움의 정체를 마주했습니다. 카를 마르크스는 공산당 선언에서 자본주의 체제에서의 소유를 이렇게 비판합니다.

부르주아지는 생산 수단, 소유 및 인구의 분산을 더욱더 지양한다. 그들은 인구를 밀집시키고, 생산수단을 한 곳으로 모으고, 소유를 소수의 손에 집중시켰다.

회사는 몇십조의 수익을 벌고, CEO는 일 년에 백억이 넘게 가져가는데 저의 기본급은 몇 년째 고만고만한 이유가 여기에 있었습니다. 단지 제 노력이 부족했기 때문만은 아니었습니다. 카를 마르크스는 노동에 대해서는 다음과 같이 비판하였습니다.

부르주아지, 즉 자본이 발전하는 정도에 비례하여 프롤레타리아트, 즉 현대의 노동자 계급도 발전한다. 이들은 일자리를 찾는 한에서만 생존하며, 자신들의 노동이 자본을 증식시키는 한에서만 노동을 발견할 수 있는 계급이다. 자신을 한 조각씩 팔아야 하는 이 노동자들은 다른 여느 판매품과 같은 상품이며, 그래서 마찬가지로 경쟁의 모든 부침, 시장의 모든 변동에 내맡겨져 있다.

직장생활을 하면서 점점 커져만 가던 초조함과 두려움의 실체입니다. 누군가의 자본을 증식시키기 위해 사용될 때만 의미가 있고 그러지 않을 때는 차가운 거리로 내쫓기는 삶이라니. 저 때나 지금이나 변한 게 없어 보였습니다. 자본주의를 향한 마르크스의 비판은 여기서 그치지 않습니다. 회사조직에 대해서는 다음과 같이 말합니다.

공장에 밀집한 노동자 대중은 군대식으로 조직되었다. 그들은 산업 사병들로서 하사관들과 장교들로 구성된 완전한 위계질서의 감시 아래 놓였다. 그들은 부르주아 계급, 부르주아 국가의 종일뿐만 아니라 매일 매시간 기계와 감독자, 특히 공장을 운영하는 개별 부르주아의 종으로 살아간다.

돌이켜보니 저 역시 어려서부터 군대식 환경에서 자랐다는 사실을 깨달았습니다. 28번. 이름보다 많이 불린 번호입니다. 작지도 않고, 크지도 않고 늘 중간 정도의 키였기 때문에 학교에서도 28번, 훈련소에서도 28번이었습니다.

오와 행을 정확히 맞춘 책걸상에 앉아서 정해진 시간에 정해진 진도를 배우던 모습은 사회에 진출해서도 달라지지 않았습니다. 선생님 대신 팀장이 있고, 몇 반은 어느 부서로 바뀌었을 뿐입니다. 명령이 존재하며 그것을 따르지 않으면 페널티를, 따르면 인센티브가 주어지는 것도 여전합니다. 목청 터져라 창의인재를 외치지만 실상 개인의 의사는 조직에 폐를 끼치지 않을 만큼만 최소한으로 허용하는 문화. 개인보다 조직이 늘 우선인 곳에서 어쩌면 자아실현은 꿈같은 소리였을지도 모르죠.

세상에 이렇게나 공감하면서 읽은 책이 또 있었을까요. 그렇다고 제가 공산주의를 옹호하는 것은 아닙니다. 역사를 통해 공산주의는 결국 이상에 불과했음이 만천하에 드러났기 때문입니다. 그래도 마르크스의 자본주의에 대한 통찰만큼은 여전히 유효하다고 생각합니다. 노력해도 늘 제자리걸음을 하는 것 같아 답답하고, 불투명한 미래에 막연히 떨던 저에게 마르크스는 이렇게 위로해주는 듯했습니다.

"비록 인간의 이기심을 고려하진 못했지만, 적어도 너의 상황은 이해한다."

개성을 짓밟는 괴물들

함께
있을 때
용감했다

'내가 해도 저거보다는 잘하겠다.'

답답한 정치를 보면서 이런 생각을 한두 번은 해보셨으리라 생각합니다. 저 역시 마찬가지였습니다. 대체 뭘 하던 사람들이라 그런가 싶어서 과거 이력을 검색해보니 아뿔싸, 대부분 상당한 지적 수준을 갖춘 인물들이더라고요. 그런데 왜 저것밖에 못할까. 공부 머리와 일머리가 달라서일까?

어떤 문제가 발생했을 때 전문가들이 내린 결론이 수준 이하인 경우가 종종 있습니다. '정말 전문가 맞아?' 싶을 만큼 심한 예도 있죠. 이런 현상이 일어나는 이유는, 전문가들의 상호 견제나 시기 질투, 체면 유지 혹은 총대 메지 않으려는 태도에서 기인한다고 합니다. 나 잘났다고 나섰다가 괜히 욕먹을 바에 적당한 수준에서 타협하는 쪽이 속 편하기 때문이겠죠. 이럴 때 지능의 하향평균화가 발생하는데, 프랑스의 사회심리학자인 귀스타브 르봉Gustave Le Bon은 이런 모습이야말로 '군중'의 대표적인 특징이라 주장했습니다. 그의 저서 《군중심리학》에 나와 있는 군중의 특징은 다음과 같습니다.

군중을 구성하는 개인들의 개성이 사라지고 생각과 감정이 고정된 방향으로 전환됨…이성적인 활동이 사라지는 대신 감성적 활동이 우세해지며, 지능이 낮아지고 감정의 완전한 변형이 이루어져서 다분히 범죄적으로 변하기 쉬울 뿐만 아니라, 쉽사리 영웅이 되기도 함.[18]

당신의 꿈은 당신만의 꿈인가요

함께 있으면 용감해진다는 말이 있습니다. 르봉의 견해에 따르면, 함께 있으면 지능이 낮아져서 합리적인 판단을 내리기 힘들기 때문이라 볼 수 있죠. 집단자살로 유명한 레밍lemming이 떠오릅니다. 이 작은 설치류가 무리 지어서 낭떠러지나 바다로 떨어지는 이유에는 여러 가지 설이 있습니다. 우두머리 쥐를 따라 맹목적으로 달리는 습성과 지독한 근시 때문이라는 가설도 그중 하나입니다. 인간을 감히 동물과 비교할 수는 없지만, 무리 속에서 판단 능력이 떨어지는 모습을 보고 있노라면 아주 다르다고 볼 수만도 없습니다.

학창시절에 그토록 열심히 공부한 이유는 무엇이었나요? 내 아이가 명문대에 가기를 바라는 이유는요? 돈을 많이 벌고 싶은 이유는 무엇인가요? 성공은 무엇이고, 행복은 무엇인가요? 당신이 원하는 삶은 온전히 당신이 바라는 것인가요, 아니면 대다수가 꿈꾸는 것인가요?

만약 다들 옳다고 하는 것을 의심 없이 믿어버린다면 르봉이 말한 군중의 정의에 부합하는 사람이 될지도 모릅니다. 인간에게는 자유의지가 있다고 믿습니다. 아무리 옆에서 아니라고, 틀렸다고 외쳐도 내가 옳다고 믿는 것을 선택할 수 있는 자유. 그리고 그것을 실천할 수 있는 자유 말입니다. 니체는 말합니다.

너는 안이하게 살고자 하는가? 그렇다면 항상 군중 속에 머물러 있
으라. 그리고 군중 속에 섞여 너 자신을 잃어버려라.

09

내
　생각대로
생각할지어다

한국전쟁 때 많은 미군이 중공군에 포로로 붙잡혔습니다. 훗날 포로송환과정에서 이들은 미국의 정치체제를 부정하고 중국의 체제를 옹호해 세간을 놀라게 했죠. 이를 통해 미군 포로에 대한 중국의 세뇌작업이 이루어졌다는 사실이 알려졌다고 합니다. 세뇌洗腦, Brainwashing라는 단어가 세상에 처음으로 등장하게 된 겁니다. 내가 생각하는 바를 상대방도 생각하게 하는 것. 세뇌의 목적은 이렇듯 명확합니다.

코끼리를 조련하는 법을 들은 적이 있습니다. 먼저 새끼 코끼리의 다리를 나무에 단단히 매어 놓습니다. 애를 써도 나무를 벗어나지 못했던 기억을 갖고 자란 코끼리는 커서도 나무에 매어 놓으면 도망가지 못한다고 합니다. 그래도 그렇지. 그 커다란 코끼리가 고작 다리 하나 묶였다고 못 도망갈까 싶었죠. 그러다 얼마 전에 코끼리를 훈련시키는 비밀 영상을 봤는데 충격적이었습니다.

코끼리를 훈련시키는 것을 태국어로 파잔Phajaan이라고 합니다. '영혼을 파괴한다.'라는 뜻이죠. 단지 나무에 다리를 묶어 놓기만 하는 게 아니었습니다. 고개를 움직이지도 못할 정도로 작고 튼튼한 우리에 가둡니다. 복종할 때까지 때리고 찌르고, 못으로 귀를 뚫고, 재우지 않고 굶깁니다. 이렇게 학대하면서 사육사에게 완전히 복종하도록 만드는 거였습니다.

세뇌의 두 가지 방법

하다못해 동물한테도 저렇게까지 하는데, 그보다 지능이 높은 사람의 생각을 바꾸려면 어떻게 하겠습니까? 세뇌하기 위해서는 크게 두 가지 방법이 사용된다고 합니다. 첫 번째로 완벽한 정보의 차단이고, 두 번째로 정보의 과잉주입입니다.[19] 정보 차단의 경우, 모든 정보가 차단된 곳에서 온몸을 꽁꽁 묶어놓고 몇날 며칠이고 백색소음만 틀어놓는 것입니다. 보통의 사람은 며칠이면 정신이 나간다고 합니다. 머릿속이 하얗게 백지가 되면 그제야 주입하고자 하는 메시지를 반복해서 들려주어서 세뇌하는 거죠.

정보의 과잉주입은 잠도 재우지 않고 생각할 틈도 없이 계속해서 다양한 정보를 주는 방법을 쓰는 것입니다. 믿어왔던 가치를 모두 깨뜨리는 작업이죠. 예측할 수 없는 방법을 사용해서 지속적으로 사람의 정신을 공격하면 결국 스스로 생각하려는 의지가 완전히 꺾이고 오로지 자기를 괴롭히는 사람들이 하는 말만 따라 하게 된다고 합니다. 영화에서나 나올 법한 이야기 같나요?

기업들은 매스마케팅Mass Marketing[20]을 하기 위해 대중매체와 곳곳에 깔린 광고판 등 모든 홍보수단을 동원합니다. 우리가 깨어 있는 시간에 최대한 많은 광고에 노출되어야 하니까요. 정보의 과잉주입을 노리는 겁니다. 요즘엔 매스마케팅이 많이 줄었다지만 그것과는 비교할 수 없을 만큼 정교한 타겟 마케팅이 펼쳐지고 있죠. 빅 데이터 기반으로 개인을 완벽히 분석한 후, 성향에 맞는 광고를 하므로 매스마케팅보다 효과도 좋다고 합니다.

학교는 어떨까요? 제가 다닐 때만 해도 머리카락, 복장 등 모든 면을 엄격히 통제했습니다. 머리가 길면 이발기나 가위로 쥐어파먹듯 잘라버렸죠. 수업 시간에 질문은 차단되었고 사소한 잘못이라도 선생님의 기분에 따라 몽둥이찜질을 당하기 일쑤였습니다. 알려주는 정보를 암기해야만 100점을 맞을 수 있는 것을 시험이랍시고 치렀습니다. 그렇게 20년 가까운 시간을 학교에서 보냈죠. 교육이나 마케팅, 그 외 셀 수도 없이 많은 방법으로 우리의 정신은 공격당하고 있습니다. 목적은 하나. 원하는 것을 하도록 만들기 위함이죠.

당신은 정말로 합리적인 사람입니까?

음모론을 말하려는 것이 아닙니다. 인류역사가 시작된 이래로 사람은 서로를 끊임없이 이용해왔습니다. 대의를 위해서든 사리사욕을 챙기기 위해서든 말이죠. 지금까지 그래왔고 앞으로도 변함없을 겁니다. 차이가 있다면 그 방법이 더욱 정교해지고 있다는 거겠죠.

우리는 우리의 자유의지로 항상 합리적인 결정을 내리며 살아간다고 생각합니다. 줏대 있다고 생각합니다. 안타깝지만 그렇게 착각하고 살아가고 있는지도 모릅니다. 일본의 정신과 의사이자 의학박사인 오카다 다카시는 묻습니다.

정보가 홍수를 이루고 현실감이 희박한 불균형적인 상황 속에서 살아가는 우리가 과연 스스로 선택했다고 말할 수 있는 삶을 살아갈 수 있는가? 외부에서 들어오는 정보나 공기를 그대로 받아들이는 것이 아니라 자신의 머리로 생각하고, 체험만이 아니라 과거의 역사에 비춰보아서 판단하고, 냉철하게 행동할 수 있는가?[21]

죽지
못해서
삽니다

퇴사하고서 가장 힘들었던 일 하나를 꼽으라면 경쟁에서 벗어나는 것이었습니다. 저는 실적에 따라 인센티브를 받는 영업직에 근무했기 때문에 특히 경쟁에 익숙해져 있었죠. 계약 성사를 위한 경쟁사와의 경쟁, 승진을 위한 선후배와의 경쟁, 더 좋은 조건을 받고 이직하는 동료들을 보면서 자기계발에 힘썼던 나와의 경쟁. 딱히 의식하지 않아도 머릿속에는 온통 경쟁이었습니다.

휴가를 떠나더라도 머리가 개운해지려면 적어도 하루 이틀은 지나야만 했죠. 그래서였는지 퇴사하고 얼마간은 너무나 좋았습니다. 당장 해야 할 경쟁이 없어졌기 때문입니다. 그러나 그도 잠시, 시간이 지날수록 경쟁의식은 다시 살아났습니다. 오히려 전보다 더 강하게 말이죠. 직장을 다닐 때는 그 테두리 내에서만 경쟁을 벌이면 그만이었습니다. 그런데 직장을 나오니 이제는 온 세상과 경쟁해야 했습니다.

혹시 패배할까 봐 지레 겁먹고 퇴사한 것은 아닐까, 개성을 찾는다는 고고한 목표를 세워놓고 허송세월하고 있는 것은 아닐까. 불안한 생각이 끊임없이 올라왔습니다. 쉬어도 쉬는 것 같지가 않더군요. 퇴사까지 했으니 독서도 무조건 성공으로 이어져야만 한다는 압박감이 들었습니다. 책 한 권을 보더라도 색색의 볼펜으로 필기를 해가며 필사적으로 읽었습니다. 이전에 몇 번의 퇴사경험과 장사경험이 없었더라면 더 심각한 지경에 이르렀을지도 모릅니다.

자살공화국 대한민국

2016년 통계청 자료에 따르면 한국에서는 1년에 1만 3092명이 자살로 생을 마감한다고 합니다. 하루 37명, 한 시간에 1.5명씩 스스로 목숨을 끊는 나라. OECD 회원국 중 자살률 1위라는 불명예를 놓치지 않는 곳에 살고 있습니다. 한창 꿈이 있어야 할 10~30대의 사망원인 1위 역시 자살입니다. 한국자살예방시민연대의 박세준 회장님과 이 문제로 대화를 나눈 적이 있습니다. 일반적으로 자살은 여러 가지 복합적인 원인이 있습니다. 그 중에는 '나와 맞지 않은 잘못된 목표설정과 그것을 위한 과도한 경쟁'이 큰 부분을 차지합니다.

연애 초기에 눈에 씐 콩깍지는 시간이 지나면 벗겨지기 마련입니다. 그러나 무한경쟁 속에 살아가는 사람들은 평생 승리와 성공이란 콩깍지를 쓰고 살아갑니다. 익숙해지기는커녕, 경쟁에 노출된 기간이 길수록 애써 충전한 정신 에너지가 더욱 빨리 고갈될 뿐입니다. 이유도 모른 채 경쟁에 내몰리면 그 속도는 더욱 빨라질 테고요. '사는 게 왜 이렇게 힘들지?'라는 생각이 순식간에 몰려올지 모릅니다.

정신에 탈이 나면 몸에도 탈이 나게 마련입니다. 초조하고 불안하고 스트레스가 극에 달하면 과민성대장증후군이나 편두통과 같은 질병에 시달리겠죠. 밥을 제대로 먹지 못하면 면역체계도 빠르게 무너집니다. 한 마디로 병을 달고 살게 되는 거죠. 우울증이 찾아오고 공황장애까지 찾아오면서 대인관계도 서서히 끊습니다. 이 세상에서 철저히 혼자가 되어 종국에는 돌이킬 수 없는 선택까지 하는 겁니다.

무엇을 위해 그렇게 열심히 사시나요

속도와 효율이 지배하는 곳에서 경쟁은 필연적입니다. 주어진 시간에 남들보다 더 빨리 더 많은 부가가치를 창출하는 것을 모든 조직에서 원하기 때문입니다. 보상도 차등적이죠. 내가 남들보다 못해서 덜 가져가는 것은 이해할 수 있습니다. 그러나 그 차이가 상대적 박탈감을 느낄 만큼 크다는 건 다른 문제죠. 집 한 채 사는 것은 고사하고 일 년 뼈 빠지게 일해도 생활비를 제하면 얼마 남지 않는 평사원의 연봉과 연간 수십억을 받아가는 CEO의 연봉. 과연 그 차이는 적절한가요?

아무리 노력해도 승리하지는 못할 것 같지만, 포기의 대가가 너무 크기 때문에 도저히 미련을 버리지 못하는 사람들이 많습니다. 젖 먹던 힘을 다해도 올라가지 못하고, 훌훌 털고 내려가지도 못하는 상황. 경쟁의 틀 속에 갇혀버리는 겁니다.

성공이란 원하거나 바라는 대로 이루는 것을 의미합니다. 따라서 개인의 성향과 상황에 맞게 다양하게 정의하는 것이 올바릅니다. 그토록 치열하게 경쟁하면서까지 성취하고자 하는 목표는 타인이 아닌 바로 내가 정해야 하는 거죠. "어쩜 그렇게 열심히 사세요?"라는 질문에 "죽지 못해서 삽니다."라는 대답 대신 "제가 좋아하는 일이니까요."라는 대답을 더 많이 듣는 날이 오길 바라봅니다.

一一三

나를 찾아줘

애초에 우리는 한계를 몰랐습니다. 그저 나인 채로 온종일 즐거웠던 시절이 분명히 있었으니까요. 한계에 부딪힌 것은 바로 경계를 마주하면서부터입니다. 학교에 가고, 직장에 가고, 어른이 되면서부터 말이죠.

1. 살면서 가장 큰 영향을 받은 사건(사람)은 무엇이며, 어떤 영향을 받았나요?

_____

_____

_____

_____

2. 당신이 속한 곳은 당신이 어떤 사람이길 요구하나요?

_____

_____

_____

_____

3. 남의 눈치를 보는 이유는 무엇일까요?

_____

_____

_____

_____

4. 당신의 성공 기준은 무엇인가요?

_____

_____

_____

_____

5. 한 달에 얼마를 벌어야 행복할까요?

_____

_____

_____

_____

6. 어떻게 하면 남들과 같은 꿈이 아닌 나만의 꿈을 가질 수 있을까요?

_____

_____

_____

_____

개성을 짓밟는 괴물들

4

나를 되찾기 위한 싸움

혁명이 완수되지 못하는 이유는 혁명하려는 사람이 먼저 혁명 되지 않았기 때문이다.[22]

금연을 시작하고서 금단증상을 겪은 적이 있습니다. 갑자기 식은땀이 나거나 손이 떨리는 증상이 3주가량 지속되었죠. 그러나 가치관의 변화에 따른 부작용에 비하면 아무것도 아니라 생각합니다.

가치관의 변화는 '이제부터는 이렇게 살아야겠다.' 하는 짧은 다짐으로 끝나지 않았습니다. 성공관, 직업관, 인생관이 송두리째 흔들렸습니다. 분위기에 휩쓸려 선택한 과거가 사무치게 후회되기도 했고요. 당장이라도 담장을 뛰어넘고 싶었지만, 의무와 책임이 너무 비대해져 있었습니다. 다시 사무실로 발걸음을 돌릴 때 느낀 그 좌절감이란. 그러나 폭풍 같은 혼란이 머릿속을 헤집고 지나간 자리에 조용히 떠오르는 것이 있었습니다. 진정한 저의 모습입니다.

추수의 계절이 지났습니다. 성장 일변도의 시대가 지나고 겪어본 적 없는 포기의 시대를 살고 있습니다. 이번 생은 글렀다는 자조적인 농담이 더는 농담처럼 들리지 않죠. 하지만 돌이킬 수 없는 인생이란 결코 없다고 생각합니다. 우리는 결과로 규정되지 않고 과정을 살아가는 존재이기 때문입니다. 숨 쉬는 한 언제라도 궤도를 수정할 수 있습니다. 인생을 성공과 실패로 나누는 기준은 없습니다. 경쟁에 익숙하다 보니 있을 거라 착각하고 있을 뿐.

물질, 명예, 권력. 말하진 않아도 대부분 내심 바라는 것들입니다. 바라는 것은 삶의 기준이 됩니다. 그러나 기준은 그것을 신

117

봉하는 사람들에게만 적용되는 법. 제 삶의 기준은 물질이었습니다. 명예와 권력? 관심조차 없었습니다. 물질의 많고 적음으로 인생의 성공과 실패를 가늠했죠. 가치관이 바뀐 지금도 여전히 그 흔적이 남아있습니다. 다만 전보다 많이 흐려졌고, 언젠가는 모두 사라지는 날이 오리라 믿습니다. 물질이 나쁘기 때문이 아니라 그 기준으로 자신을 평가하는 삶이 너무 가혹했기 때문입니다.

개성회복은 시선의 변화에서 시작됩니다. 외부가 아닌 내부로 향하는 시선의 변화. 그 원동력은 바로 '질문'입니다. 질문은 사방에서 얻을 수 있습니다. 하지만 답은 스스로 찾아야 합니다. 간단하지도 않고 시간도 오래 걸리는 일입니다. 그나마 다행인건 시간은 언제나 우리 편이라는 사실. 인생이 끝나기 전까지는 언제나 말이죠. 쉬운 길을 택하지 않고, 타인을 의존하지 않고, 중도에 포기하지 않는다면 누구라도 답을 찾을 수 있습니다.

"이번 생에도 여전히 가능합니다."

01

자아실현이라는 교양과목 앞에서

잠깐씩 해본 아르바이트들을 제외하고서라도 나름 적지 않은 사회생활을 해봤다고 생각합니다. 재미있는 사실은 제가 일한 산업군이 모두 달랐다는 점입니다. 생활용품, 건축자재, IT, 마케팅 그리고 의류, 참 일관성 없는 선택이죠. 뭘 해야 좋을지 몰랐기 때문이었습니다. 일종의 방황이랄까요.

이직처럼 중요한 결정을 내려야 하는 시기에 갑자기 자신감이 떨어지는 경험을 많이 했습니다. 결과를 자신할 수 없을 때 특히 그랬죠. 용기를 내고 한 발자국 나아갈 때 비로소 다음 단계로 나아가는 법인데 늘 적당히 피했습니다. 쉬운 길, 안전한 길을 택하거나 선택을 미루기 위한 핑곗거리를 찾았습니다.

예를 들면 '어떤 일을 해야 행복할까?'란 질문에 '됐고 일단 돈 많이 주는 곳에 가자.'라고 도망해버리는 식입니다. 그나마 다양한 일을 하면서 스스로에 대해 더 많이 알게 된 걸 다행으로 여겨야 할까요. 만약 더 깊이 생각했다면 어땠을까요.

저처럼 돌아다니지 않고 한 자리를 지킨 분들이라고 저와 상황이 크게 다르진 않았습니다. 영업을 하면서 수백 명을 만나봤지만 자기 일에 대단히 자부심이 있거나 자아실현을 하는 사람들은 열 손가락에도 채 못 꼽습니다. 경력이 적은 사람들은 경력을 더 쌓아야 한다는 이유로, 경력이 많은 사람은 이제 다른 분야로는 이직을 못 한다는 이유로 계속 그 자리에 머물 뿐이었죠. 지겹다는 말을 입에 달고 살면서.

왜 일을 하냐고 묻거든

우리는 인생의 대부분을 일하면서 보냅니다. 어떤 일을 하느냐에 따라 인생의 만족도가 결정된다고 해도 과언이 아닙니다. 그러나 많은 사람이 자기가 하는 일에서 만족을 느끼지 못하고 있습니다. 직장인은 생각합니다. '언제 내 일을 해보나?' 자영업자는 생각합니다. '언제 마음껏 쉬어 보나?' 가정주부는 다를까요? '시집와서 애 낳고 키우다가 늙어가는 게 인생인가?' 학생들은요? '어차피 금수저 부하 노릇이나 하다가 죽을 텐데 뭐 하러 공부하나.' '연애하면 뭐하나, 결혼하면 뭐하나, 애 낳으면 뭐하나.' 3포세대도 옛말이고 이제는 5포 세대, 7포 세대를 넘어서 N포 세대까지 왔습니다. 의미 있는 삶은 고사하고 인생에서 가장 중요한 것들을 포기하며, 포기당하며 살고 있습니다.

자기가 하는 일에서 의미를 찾지 못하는 이유는 무엇일까. 제 경우로 돌아가보면, 일의 의미를 충분히 생각해보지 않았기 때문이었습니다. '어떤 일을 하면 좋을까?'라는 질문에 결국 돈벌이로 결론 내렸죠.

공부도 마찬가지였습니다. 좋은 대학에 가고 좋은 직업을 갖기 위해서였죠. 그 이상의 다양한 생각을 해보지 않았습니다. 물론 자아실현이란 개념은 들어봤지만 솔직히 과목으로 치면 교양과목이었지 필수과목은 아니었으니까요. 좋은 고민이지만 당장 치러야 하는 시험에는 별 도움 되지 않는 고민. 차라리 그 시간에 단어라도 하나 더 외우는 것이 낫다고 배웠고 그렇게 해왔습니다. 다시 돌아간다면 결코 그러지 않을 텐데, 왜 늘 후회는 지나고 나서야 찾아올까요.

더 이상 피할 수 없는 질문

'앞으로는 후회하지 않고 내 삶을 충만하게 해주는 의미 있는 일만 하리라.' 퇴사까지 하며 굳게 다짐했건만 의미를 찾기는 결코 쉽지 않았습니다. '나는 어떤 일을 하면 좋을까?'라는 질문에 전과 다를 바 없는 빤한 답변들만 떠오르더군요. 그나마 '내가 좋아하는 일' '나에게 어울리는 일' '내가 빛이 나는 일'로 질문을 확장해가며 '나'에 대한 고민도 해봤지만, 왠지 모르게 계속 혀끝에서 맴도는 느낌만 들었습니다. 결정적인 한 방이 없었죠. '그래서 결론이 뭐야? 구체적으로 무슨 일을 하면 되는데?' 더 진도가 나가지 않고 막다른 골목에 다다른 듯했습니다.

초조하게 지내기를 몇 달째. 불현듯 여기는 막다른 곳이 아니라는 생각이 들었습니다. 다음 단계로 나아가기 위해 꼭 넘어야만 하는 곳. 바로 제 안으로 더 깊이 들어오기 위한 길의 초입임을 깨달은 것입니다. 그동안 요령껏 답을 맞혀오다가 풀이 과정까지 적어야 하는 문제를 만난 것처럼, 다음 과정으로 넘어가기 위해서는 피할 수 없는 질문에 이른 것입니다.

해결하지 못한 질문은 한밤의 유령처럼 언제고 불쑥 튀어나와 자신을 괴롭히기 마련입니다. 시간과 장소도 가리지 않습니다. 적당히 뭉개면서 정년까지 버텼다가 은퇴하고 나서 허둥지둥 답을 찾는 분들이 많습니다. 경험과 연륜이 아무리 쌓인들, 해결하지 않고 넘어간 질문 앞에서는 어린아이가 되고 맙니다. 개성을 회복하는 것은 바로 그 질문에서 시작되죠.

02

멈춤,
가장 적극적인
저항

내 안으로 더 깊이 들어오는 길을 발견했다면 그다음에는 어떻게 해야 할까요. 당연히 망설이지 말고 적극적으로 들어와야겠죠. 적극적으로 무언가 하는 것을 꼭 동적인 것으로만 생각하지는 않으셨으면 합니다.

우리 가족은 동물을 좋아해서 수족관에 종종 갑니다. 거대한 수조 안을 한참 들여다보면 일정한 흐름이 감지되었습니다. 야생에서는 물고기들이 먹이를 구하기 위해 이리저리 소란스럽게 움직이겠지만 수조 속에서는 그러질 않습니다. 먹이가 넉넉해서 배가 충분히 부르기 때문이죠. 목적 없이 그저 흐름에 따라 무의식적으로 움직이는데 바로 그 무의식의 흐름을 감지한 것입니다. 의도도 없고 사건도 없습니다. 그 모습을 바라보자니 제 뇌도 점점 나른해졌습니다. 생각은 단순해지고 온몸의 긴장이 풀리며, 마치 꿈을 꾸는 듯했죠.

그런데 갑자기 어린아이만 한 거북이 한 마리가 제 앞에 우뚝 섰습니다. 그러더니 조용히 저를 관찰하는 겁니다. 일순 제 동공이 확장되고 심장박동이 미세하게 빨라지며 근육에 긴장이 몰렸습니다. 크게 심호흡을 한번 했습니다. 무의식 상태가 깨져버

123

리고 다시 현실로 돌아온 것이죠. 영원히 지속될 듯했던 수조 속의 거대한 무의식 흐름 속에서, 외부에 관심을 두고 유일하게 움직임을 멈춘 의식 있는 존재와 맞닥뜨린 것입니다.

거북이는 깊고 검은 눈으로 천천히 저를 살폈습니다. 그러는 동안 네 발은 부력을 거스르기 위해 연신 움직였고요. 그 움직임은 무의식적으로 몸을 흔들어대던 물고기들의 움직임과는 달랐습니다. 집중하기 위해 멈춰 서려는 매우 의식적인 움직임이었죠.

내 삶은 어디로 흘러가는가

우리는 끊임없이 움직여야 하는 세상에서 살고 있습니다. 열심히 기어 다니다, 어느 순간 걷습니다. 때가 되면 학교에 다니고, 군대에 가고, 직장을 갑니다. 결혼하고 애를 낳아서 키우다가 때가 되면 은퇴합니다. 영원한 안식에 들어가기 전까지 속도 차이는 있지만 끊임없이 무언가를 하면서 살아가죠. 이런 세상에 살면서 흐름에 맞춰 움직이지 않거나 멈추는 것은 암묵적으로 실패나 낙오로 간주합니다. 제때 학교를 진학하지 않거나, 취업이 늦거나, 퇴사해서 쉬거나, 혼기를 놓치거나, 결혼 후 애를 낳지 않으면 실패나 낙오했다고 생각합니다. 그런 순간이 오면 왜 다음 목표를 향해 움직이지 않는지 다들 궁금해하죠.

사람은 지능이 높은 영장류이기 때문에 저마다의 목적을 가지고 움직인다고 생각합니다. 그러나 최면은 의식이 있는 존재에게 가장 잘 작동한다는 사실을 쉽게 간과합니다. 매일 아침 출근하면서 성공을 다짐하는 사람들. 성공을 위해 도전하고, 조금씩 그것을 얻으면서 성취감을 느끼는 사람들. 계속해서 우리를 움직이게 하는 동인動因이 만약 내가 아닌 바깥에서 왔다면 그 역시 외부에서 거는 일종의 최면이 아니라는 보장은 없습니다.

내 삶이 어디로 흘러가는지 파악하려면 반드시 한번은 우뚝 멈춰서야 합니다. '나는 누구인가, 어디로 향하고 있는가?' 관찰하고 고민해야 합니다. 그래야 이대로 계속 사는 것이 맞는지 아니면 벗어나서 나에게 더 어울리는 곳으로 가야 하는지 알 수 있습니다. 멈추면 세상은 다시 움직이라 재촉하죠. 젊을 때는 '너는 아직 세상을 모른다.' 나이가 들어서는 '지금은 때가 아니다.'라며 어떻게든 멈추지 않기를 바랍니다.

멈춘다는 것은 이런 저항에 맞서는 일. 생각보다 아주 큰 용기와 각오가 필요합니다. 결국, 멈춤은 내 삶을 의미 없이 흘려보내지 않기 위한 가장 적극적인 저항인 셈입니다.

인간이 깊이 생각해야 할 것은 내가 무엇을 행해야 할 것인가이기보다는 나는 과연 어떤 존재인가이다.[23]

03

스스로
생각하는
힘

저는 영상매체를 참 좋아했습니다. 좋아하는 장르의 영화를 꼬박꼬박 챙겨보는 것은 기본이고, 심할 때는 하루에 영화 3편을 보기도 했죠. 소파에 드러누워서 채널을 돌려가며 예능을 보는 것은 주말의 일과였습니다. 그러던 제가 영상매체를 끊은 건 아이가 태어나면서부터였습니다.

자녀에게만큼은 가장 좋은 것을 해주고 싶은 게 부모 마음입니다. 티브이는 바보상자라고 어릴 적부터 귀가 따갑게 들어왔으니 아이에게 티브이를 보여줄 수는 없었습니다. 막상 케이블을 끊고 나니 빈 시간을 채우기 막막하더군요.

어슬렁거리다 보니 자연히 책장에 시선이 닿았습니다. 독서를 좋아하고 정리를 좋아하는 아내 덕에 서가에는 이미 다양한 책이 주제별로 가지런히 꽂혀있었죠. 만만해 보이는 주제 위주로 한 권씩 꺼내 읽다 보니 점점 관심 분야가 생겼습니다. 영상을 끊자 스스로 호기심을 키우기 시작한 것입니다.

시각정보를 과잉주입하는 영상매체

3장에서 세뇌하는 방법을 크게 두 가지, 정보의 차단과 과잉주입이라고 했죠. 정보를 주입하는 가장 효과적인 도구가 바로 이미지와 메시지를 한 번에 전달하는 영상매체입니다. "가족의 안전을 포기하시겠습니까?" "남들은 이미 앞서 나가고 있는데 당신은 뭘 하고 있습니까?"와 같은 질문을 자극적인 화면과 함께 보고 있노라면 '이러다 큰일 나는 것 아니야?'라는 위기의식이 생기게 됩니다. 나에게 정말로 필요한 메시지인지 판단할 겨를도 없이 말이죠. 왜 그럴까요?

시신경을 통해 들어온 시각 정보는 후두엽에 전달된다고 합니다. 영상매체는 쉴 새 없이 이미지를 전달하기 때문에 계속해서 후두엽이 활성화된 상태로 유지되죠. 깊은 사고를 할 때는 전두엽을 사용하는데 후두엽에 계속 자극을 주게 되니 전두엽은 잠잠해집니다. 중요한 판단을 내려야 하는 전두엽이 제 역할을 하지 않는 동안 무분별하게 정보를 받아들이게 되는 것입니다.

티브이를 시청하는 사람들을 한번 관찰해보시죠. 멍하게 화면을 응시하고 있다가 이따금 낄낄대는 모습이 영락없이 정신 나간 사람처럼 보이지 않나요? 괜히 티브이를 바보상자라고 부르는 것이 아닙니다. 팔운동만 하면 팔 근육만 비대하게 발달합니다. 뇌도 마찬가지입니다. 후두엽만 활성화되면 익숙한 자극만 계속 원하고 자극이 없는 부분의 기능은 약해지죠. 생각하는 힘을 기르려면 전두엽을 자극해야만 합니다.

가장 좋은 방법은 두말할 필요 없이 독서입니다. 그러나 '알면서도 하기 싫은 것' 경연대회를 열면 아마 공부와 독서가 치열한 1위 다툼을 하지 않을까요? 독서가 좋다는 사실은 누구나 압니다. 그런데도 한국인의 하루 평균 독서 시간은 6~10분에 불과하다고 합니다.

독서로 회복한 생각하는 힘

퇴사하고 종일 책만 볼 때였습니다. 평소에 독서를 안 한 것도 아닌데, 본격적으로 하루 8시간, 10시간 독서를 하려니 힘에 부쳤습니다. 조깅만 하던 사람이 갑자기 풀코스 마라톤대회에 나간 꼴이었죠. 한 시간에 한 번씩 엉덩이가 들썩거렸습니다. 그래서 한 시간에 십 분씩 쉬었습니다. 학창시절로 돌아간 것 같았습니다. 그러나 감사하게도 사람은 습관의 존재입니다. 읽고 또 읽으니 독서하는 습관이 생겼습니다.

행동이 습관이 되는 데 걸리는 시간을 혹자는 21일이라 하고, 혹자는 66일이라고 합니다. 중요한 건 며칠이 걸리느냐가 아니라 새로운 습관을 만들 수 있다는 점입니다.

정신을 어지럽히는 정보들을 차단하고, 독서를 통해 전두엽을 지속해서 단련하면 우리의 뇌는 생각하는 힘을 회복합니다. 그동안 일방적으로 받아들이던 정보를 의심하기 시작하죠. 그대로 따를지, 수정할지, 아니면 버릴지 판단하게 됩니다. 그리고 모두의 관심사가 아닌 자기만의 관심사를 키웁니다. 스스로 지식을 쌓으며 거기에서 얻은 깨달음과 교훈으로 인생의 방향을 결정해 나갑니다. 이렇듯 생각하는 힘이 회복된 사람은 자기 주도적 학습을 하게 되고, 나아가 무언가에 매이지 않고 주체적인 삶을 살아가게 됩니다.

04

의심하고
또
의심하라

세균이든 질병이든, 아니면 미래의 모습이든 간에 마케터들은 유행하는 다양한 두려움들을 정확하게 집어내고, 활성화하고, 과장함으로써 소비자의 가장 깊은 무의식을 건드린다.[24]

다국적 생활용품판매기업인 P&G에서 배운 일 가운데 매우 인상 깊은 것이 있습니다. 첫 번째는 짧은 시간에 고객을 설득하는 방법입니다. 제가 담당한 고객은 대형마트였는데 이런 곳에는 진열해 놓은 상품만 수만 개입니다. 그만큼 많은 납품업체와 함께 일하다 보니 업체를 관리하는 마트 담당자는 눈코 뜰 새 없이 바쁘기 마련이죠. 자사 제품의 매출을 올리기 위해 골든존 Golden Zone[25]을 차지하거나 이벤트를 진행하려면 바쁜 담당자를 짧은 시간에 설득하는 능력이 필수입니다. 상황설명, 해결책, 고객이 얻을 장단점 그리고 고객이 빠르게 결정할 수 있도록 간단한 선택지 제시까지, 이 모든 것을 3분 이내에 말하는 연습을 입에 단내가 날 때까지 했습니다.

두 번째는 마트의 판매대에 상품을 진열하는 방법입니다. 상품을 어떻게 진열해야 매출이 오르는지 배우고, 누가 빨리 배운

대로 진열하는지 시합을 했습니다. 지금이야 행동경제학, 인지심리학 등이 유행하면서 무의식적인 자극이 사람의 선택에 미치는 영향이 많이 알려졌지만 당시만 해도 해당 업무 종사자가 아니면 알 수 없는 고도의 판매기술이었죠.

쏟아지는 정보에 넘어가지 않는 연습

우리는 살면서 수많은 정보를 접합니다. 학교 교육부터 부모님을 통해 얻는 정보, 뉴스, 개인적인 독서나 길거리에 도배된 온갖 광고판까지 말 그대로 정보 천지입니다. 그 안에는 피가 되고 살이 되는 인생의 지혜도 있지만 거짓된 사상을 주입하거나 사리사욕을 채우기 위해 교묘하게 만들어진 정보도 섞여 있습니다. 진리로 포장된 것 중에서 나에게 유익이 되는 정보만 받아들이기란 결코 쉽지 않습니다. 심지어 무의식까지 집요하게 공략하기 때문입니다. 통계전문가 네이트 실버Nate Silver는 말했습니다.

> 인터넷 이후의 세상은 인터넷 이전의 세상과 비교해 더 많은 진리의 세계가 아니다.[26]

어떤 선택을 한 이유를 들어보면 그 사람의 가치관을 알 수 있습니다. 때에 따라 가치관에 반하는 선택을 할 수도 있지만 길게 보면 결국 생각하는 대로 살아가기 마련이니까요. 타인의 생각을 무분별하게 받아들이다 보면 나만의 가치관을 만들기가 어렵습니다. 대신 부모님이나 선생님, 학교 선배나 직장상사, 연예인의 가치관이 한데 뒤엉켜 그 자리를 차지하게 되죠. 이런 가치관으로 인생을 살아가는 사람은 평생 누군가를 모방하는 데

열정을 쏟게 됩니다.

죽기 전에 하는 후회 중 하나가 '꼭 이렇게 살지 않았어도 되는데.'라고 합니다. 평생을 한눈팔지 않고 누구보다 열심히 살았는데 마지막에 인생을 후회하는 것보다 가슴 아픈 일이 또 있을까요.

의심해야 합니다. 선생님 말씀, 부모님 말씀, 동료나 선배의 말, 온라인에서 알게 된 사람들의 말을 의심해야 합니다. 설령 옳다고 해도 나와 맞지 않는다면 과감하게 버려야 하죠. 책을 읽더라도 밑줄 쳐가며 고갤 끄덕끄덕하지 말고, 밑줄 친 생각이 왜 나에게 와 닿았는지 그것이 정말 옳은지 스스로 질문해야 하고요.

이런 치열한 의심의 과정이 없으면 쏟아지는 메시지에 넘어갈 수밖에 없습니다. 의심하지 않는 사람은 평생 수십 명의 주인을 섬기게 됩니다. 내 머리에서 나왔다고 다 내 생각이 아닙니다. 성경은 말하죠. 두 주인을 섬길 수 없다고.[27]

05

생각의
시간
확보하기

한동안 아침 5시 50분에 일어났습니다. 새벽 2시간을 온전히 누리기 위해서. 급한 일이 아니면 정시에 퇴근했습니다. 개운하게 일어나려면 일찍 잠자리에 들어야 했으니까요. 술자리를 마다하고 집으로 재깍재깍 발걸음을 돌리는 모습에 상급자들이 눈총을 주기도 했지만 개의치 않았습니다.

새벽에 두 시간 동안 책을 읽고 침묵 속에서 저에게 질문했습니다. 분주한 사무실로 출근해서 이메일을 확인하고 고객 전화를 받다 보면 가까스로 정돈되었던 머릿속이 어느새 일로 가득 찼습니다. 한번 생각의 흐름이 끊기면 다시 제자리를 찾는 데까지 못 해도 두세 배의 시간이 걸립니다. 그러는 동안 영영 잊힌 것들도 셀 수 없고요.

아무래도 온종일 방해받지 않고 생각만 할 시간이 필요했습니다. 직장인이 그런 시간을 갖는 방법은 두 가지밖에 없습니다. 간헐적 주말 확보와 시한부 퇴사자가 되는 것입니다.

전자는 여의치 않았습니다. 혼자였다면 홀로 시간을 보낼 수도 있겠지만, 기혼에 아이까지 있으니 말이죠. 평일에도 아내가 육아하는데 주말까지 전담시킬 수는 없었습니다. 남은 것은 퇴

사. 그러나 퇴사가 말처럼 쉬운 일은 아닙니다. 가족의 앞날을 고민하지 않을 수가 없었죠. '내가 무슨 대단한 사람이라고 이렇게까지 자기 생각에 집착을 하나, 아직 철이 덜 들었나.' 하는 생각도 들었습니다. 몇 개월 동안 고민에 고민을 거듭했습니다.

고민할 시간이 없는 것도 문제

그러던 어느 날, 팀장과 단둘이 미팅을 하다가 갑자기 퇴사를 선포해버렸습니다. 예상치 못한 타이밍에 튀어나온 말이라 팀장은 물론이고 저도 내심 놀랐습니다. 분명 그날 아침까지도 '오늘 퇴사해야겠다.'라고 생각하지는 않았으니까요. 무슨 마음으로 그랬는지는 모르겠습니다. 어쨌든 그 말을 뱉고 나니 마치 엉킨 실타래가 스르륵 풀리듯 복잡하던 생각이 깔끔하게 정리되더라고요. '차라리 잘 됐다. 언젠가 터질 일이었어.' 그렇게 마지막 회사를 나왔습니다.

그토록 원하던 생각의 시간. 한동안 누구도 개입할 수 없는 환경을 만끽했습니다. 아이가 유치원에 가 있는 동안은 오로지 저만의 시간을 가졌습니다. 순식간에 내일이 닫혀버린 상태를 자초한 탓에 내심 불안했지만, 인생에 진중한 질문을 던진 기간입니다.

'왜 나는 스스로 생각하지 못할까?' '나는 무엇을 두려워하는 것일까?' '그 두려움은 어디서 왔을까?' '사람의 생각에 영향을 미치는 것은 무엇일까?' '나는 어디에도 매이지 않고 자유롭게 생각할 수 있을까?' '자유란 무엇인가?' '왜 나는 자유를 원할까?'

알 듯 알 듯 도무지 알 수 없던 질문에 하나둘 답을 찾으며 깨달았습니다. 모든 문제가 그렇듯 문제 자체도 문제지만, 끝까지

해결하고 넘어갈 충분한 시간이 없는 것도 큰 문제라는 사실을
말이죠.

06

대답은
순간의 감정이 아닌
진심으로

학창시절에 탄자니아에서 오신 선교사님을 만난 적이 있습니다. 말씀 하나 믿고 맨몸으로 탄자니아로 건너가 사역을 한 분이죠. 현지인의 자립을 위해 지금까지 수십 년간 노력한 훌륭한 분입니다.

"처음 탄자니아에 갔을 때는 정말 막막했습니다. 그런데 어느 날 하나님이 낡은 승합차를 하나 보내주시는 거예요. 이걸로 뭘 하라고 그러시나 싶어서 고민하는데 저 멀리에 킬리만자로가 보이는 겁니다. 그때부터 킬리만자로에 가서 흙을 싣고 인근 강물을 퍼 와서 잘 섞고 땡볕에 말렸어요. 그렇게 하나 두 개씩 만든 벽돌로 지금의 교회와 학교를 지었습니다."

이후로도 계속 이어지는 말씀을 듣는 동안 가슴이 두방망이질 쳤습니다. '이토록 열정적으로 살아가시는 분들도 있는데 나는 뭐 하는 건가.' 저 자신이 부끄러웠죠.

"다 좋은데 아쉬운 것이 하나 있다면 우리나라 말로 농담 주

나를 되찾기 위한 싸움

고반을 군대 다녀온 한국인 청년 한 명만 있으면 좋겠습니다."

"선교사님, 말씀을 듣다 보니 마음이 진정되질 않습니다. 자꾸 제 얘기 같아요. 저도 의미 있는 인생을 살고 싶습니다. 탄자니아에 가고 싶은데 가장 필요한 것은 무엇일까요? 그것부터 준비하겠습니다."

선교사님의 말씀이 귀에 딱 꽂히며 '이건 내 얘기구나!' 싶어서 얼른 손을 들고 질문했습니다. 당장이라도 탄자니아로 날아갈 듯한 열정에 사로잡힌 저를 보며 선교사님은 담담하게 말씀해주셨습니다.

"그 마음 그대로 간직하시다가, 시간이 지나도 변치 않는다면 그때 꼭 연락해주십시오."

"좋습니다. 당장 탄자니아로 오세요, 형제님."이라고 하실 줄 알았는데 의외였습니다. '의미 있는 인생이란 무엇인가?'에 대한 질문에 마음이 동해서 "제가 하겠다!"라고 대답한 것인데 선교사님은 저에게 순간의 감정이 아닌 진심을 물어보신 겁니다.

시간이 흐르고 탄자니아로 가겠다는 마음은 온데간데없이 사라져 버렸습니다. 만약 그때 선교를 하러 갔다면 어땠을까요? 아마 진심으로 그곳에서 사역하는 분들과 현지인들에게 부담만 안기고 돌아왔겠죠. 이 에피소드는 생각보다는 행동이 앞서고, 귀가 얇아 이 사람 말을 들으면 이게 맞는 것 같고 저 사람 말을 들으면 저게 맞는 것 같은 저에게는 바위처럼 묵직한 교훈으로 남았습니다.

중요한 질문일수록 천천히 진심으로 답하기

인생에 도전이 되고 변화를 일으킬 만한 질문이라면 시간이 지나도 내 안에서 사라지지 않습니다. 시간이 지날수록 오히려 마음속에서 더 크게 자라나기도 하죠. 그러니 중요한 질문일수록 천천히 시간 들여서 진심을 담아서 대답해도 절대 늦지 않습니다.

'나는 무엇을 해야 할까?'라는 질문에 겉보기에 근사한 답을 먼저 떠올렸던 적이 있습니다. 가령 '선한 영향력을 끼치는 삶을 살고 싶다.' 같은 목표 말이죠. 고백하자면 지극히 타인을 의식한 대답이었습니다. 이제는 저다운 것에 집중합니다. 솔직함. 남들을 부끄러워하기보다 저 자신에게 부끄럽지 않은 생각을 기준 삼습니다. 돈 벌고 싶어지면 돈 벌고, 공부하고 싶어지면 공부하는 겁니다. 자신에게 솔직하게 말이죠.

타고난 부자가 1억을 기부하는 것보다 평생 폐지를 주운 분이 100만 원을 기부할 때 우리의 마음은 더 크게 움직입니다. 진심이 담겨있기 때문입니다. 남들이 볼 때 멋진 것이 아니라 자신에게 솔직한 것을 선택해서 살아가면, 그 모습에 사람들의 마음이 움직입니다. 그것이 진정 선한 영향력이라 생각합니다.

07

엉뚱한 생각도
응원해주는
사람들

직장에 다닐 때는 만나는 사람이 회사원들뿐이었습니다. 같은 직종의 사람이 아니면 가까워지기 힘들었습니다. 공통관심사가 없었으니까요. 옷 장사를 시작하면서부터는 주변이 상인들로 넘쳐났습니다.

"요즘엔 중국보따리상들도 잘 안 보여. 누구는 일본어 공부를 하더니 일본 바이어들로 아주 짭짤하게 재미를 보는 것 같아."

"새로운 원단이라 질도 좋고 가격도 저렴한데 이거 해봐라."

하나같이 귀가 쫑긋 서는 이야기가 오갔죠. 유독 힘든 날이면 음료수 한 병 건네주며 "삼촌, 내가 보니까 이제 이 바닥에선 중소기업쯤 된 것 같아. 금방 부자 되겠어. 힘내."라는 위로도 받곤 했습니다. 그러다 예전 직장 동료들을 만나면 누가 승진했다는 둥, 인센티브가 생각보다 적다는 둥 관심 없는 이야기만 하니 그만남은 자연스레 줄어들었죠.

모임을 위해 일 년이 넘게 전국을 돌아다니자, 어느덧 제 주변에는 각종 모임 운영자, 예술가, 작가 등 자유로운 사고를 가진 사람들이 가득해졌습니다. 엉뚱한 생각을 하더라도 "오, 신선한데!"라며 손뼉 쳐주는 사람들입니다. 책을 쓰는 지금 저에게 가장 든든한 응원군인 셈이죠. 물론 그중에서도 가장 든든한 응원군은 아내입니다.

"당신은 뭘 하든 잘할 사람이야. 회사란 작은 틀에 갇혀 있기에는 너무 아까워. 정말 힘들어지면 같이 돈 벌면 되지. 퇴사해, 파이팅!"

처음부터 지금까지 변함없이 응원해주고 믿어주는 아내 덕분에 남들과는 조금 다른 행보를 계속해 나갈 수 있었습니다.

입이 아닌 삶으로 해주는 응원

대학교의 은사님께서 입버릇처럼 하시던 말씀이 있습니다. "창업보다 수성이다." 생각의 변화는 행동으로 비롯된 환경의 변화를 가져옵니다. 사람이 변했다며 가깝게 지내던 지인들과 멀어지게 되고, 달라진 나를 이해 못 하는 가족들의 걱정을 사기도 하죠. 자신감이 넘칠 때는 상관없지만, 그렇지 않을 때는 관계의 변화나 주위의 반응이 낯설고 두렵게 다가옵니다. 그럴 때 곁에서 응원해주는, 나와 비슷한 사람들이 있는 것과 없는 것은 큰 차이가 납니다. 당신 잘하고 있다며 말뿐이 아닌 자신들의 삶으로 응원해주는 사람들. 그들에게 얻는 위안과 자신감은 이루 말할 수가 없습니다.

나를 찾아줘

가끔 타인이 나에 대해 새로운 사실을 알려 주기도 합니다. 그러나 나를 가장 잘 아는 것은 바로 '나 자신'입니다. 그 누구에게도 말한 적 없는 과거도, 창피한 속마음까지도 다 알고 있으니 말이죠.

1. 스스로에게 얼마나 많은 질문을 던지나요?

_____

_____

_____

_____

2. 지금껏 적당히 타협해 온 질문은 무엇인가요?

_____

_____

_____

_____

3. 바쁜 일상에서 오로지 나에게만 집중하려면 어떻게 해야 할까요?

_____

_____

_____

_____

4. 범람하는 거짓 정보에 속지 않으려면 어떻게 해야 할까요?

_____

_____

_____

_____

5. 남에게 의존하지 않고 스스로 문제를 해결하기 위해 무엇을 할 수 있을
   까요?

_____

_____

_____

_____

6. 당신이 정말로 원하는 인생은 어떤 것인가요? 유치해도 좋습니다.

_____

_____

_____

_____

5

개성대로 살아갈 때 마주할 것들

지금까지 개성이란 무엇이고, 왜 억압당하는지, 어떻게 다시 회복하는지 알아보았습니다. 개성을 회복하면 바로 장밋빛 미래가 펼쳐지는 걸까요? 아쉽게도 세상은 호락호락하게 주도권을 양보할 생각이 없어 보입니다.

개성대로 살기 위해서는 많은 장애물을 넘어야 합니다. 기대한 만큼 아름답지 않아서 불안할지도 모릅니다. 가족의 반대에 부딪힐 수도 있고, 세상에 발붙일 틈이 없을지도 모릅니다. 자기만의 개성대로 사는 데는 참고할 만한 자료도, 따라 할 사람도 찾기 힘듭니다. 그래도 불가능은 없습니다. 뭐든 하다 보면 요령도 생기고 익숙해지기 마련이니까요.

세상에서 가장 기분 좋은 돈은 '공돈'이라고 합니다. 가장 억울한 순간은 '이유 없이 맞을 때'라고 하고요. 아마 예상했느냐 못했느냐의 차이겠죠. 저는 학창시절에 선생님들께 참 많이도 맞았습니다. 조퇴와 결석, 지각을 밥 먹듯 했으니까요. 그래도 억울하진 않았습니다. 예상했기 때문입니다.

이 장에서는 개성을 회복한 후, 그 모습대로 살아갈 때 마주하게 될 것들을 적었습니다. 개성을 찾기 위해 본격적으로 발을 내딛기 직전이라면 이 장으로 마음의 준비를 할 수 있을 겁니다. 이미 그 길을 가고 있는데 하루에도 수십 번 '이 길이 맞는 걸까' 고민하시나요? 이 장이 위로가 될 것입니다. 당신만 그러는 게 아니니까요.

개성대로 살아갈 때 마주할 것들

티 없이 맑은
핑크빛 자유는
없습니다

대기업직원이란 견장을 떼고 제 능력만으로 세상을 헤쳐나가겠
다며 회사를 박차고 나와 장사를 시작했을 때입니다. 매일 자정
이면 그날 주문 들어온 옷을 사러 동대문으로 출근했습니다. 그
날도 어김없이 시장을 한 바퀴 돌고 나가는 중이었죠.

빈틈없이 꽉 찬 대봉큰 봉투 두 개에 자잘한 봉투까지 50kg이
훌쩍 넘는 무게. 어깨에 들쳐 메고 걸으려니 허리와 어깨가 금방
이라도 무너질 것만 같았습니다. 휘청휘청하며 길을 나섰습니
다. 가랑비는 왜 그리도 추적추적 내리던지. 주차비 몇천원 아끼
자고 멀리 대놓은 차까지 걷는 길은 천 리 길 같더라고요. 땀과
빗물에 콧잔등까지 미끄러져 내려간 안경을 올릴 새도 없었습니
다. 쟁기 끄는 소처럼 하얀 콧김이 쉴 새 없이 푹푹 새어 나왔
습니다.

그렇게 15분쯤 걸었을까, 문득 그간의 일이 머리를 스쳐 갑니
다. 멀끔한 양복 차림으로 고객들 접대하던 '안 과장'은 어디 가
고 이제는 청바지를 입고 다니는 '삼촌'이 되었습니다. 처음에는
하루에 레깅스 한두 개 파는 것이 고작이었는데 몇 개월 만에 한
걸음 옮기기도 벅찰 물량을 주문받고 있습니다. 새벽 3시에 비

를 맞으며 짐을 나르는 모습. 남들 눈에는 어떻게 보였는지 모르겠지만 그 순간에 제가 느낀 것은 자유입니다. 생전 처음 느껴본, 살아 펄떡이는 느낌. 몸은 축축하게 젖어있고, 무거운 짐을 나르느라 손바닥이며 허리며 안 아픈 데가 없었지만 말이죠. 저도 모르게 이런 말이 튀어나왔습니다.

"아, 더럽게 힘든데 행복하다."

상상 속의 자유, 현실 속의 자유

직장을 다니며 끌려가듯 하루하루를 보내다 보니 언제부턴가 자유를 동경하게 되었습니다. 자유. 모든 것이 만족스럽고 아름다운 삶. 하고 싶은 일을 하느라 발걸음은 늘 가볍고, 행복과 기쁨으로 충만한 인생. 색깔로 치면 이제 막 짜낸 깨끗한 핑크색이랄까요. 그러나 막상 겪어보니 고통, 시련, 외로움도 자유의 다른 모습이었습니다. 군데군데 상처가 나고 너덜너덜해진, 마치 오만가지색 물감을 다 섞어놓은 팔레트 위의 거무튀튀한 색.

자유는 능력이 아닌 믿음의 문제라는 것도 알았죠. 성경에는 모세란 인물이 나옵니다. 400년간 포로로 잡혀있던 이스라엘 민족을 이집트에서 해방한 사람이죠. 그의 인도에 따라 신이 약속하신 젖과 꿀이 흐르는 땅에 가려고 광야를 지나는 이스라엘 사람들에게 서서히 갈증과 굶주림이 찾아왔습니다. 이제 막 자유의 몸이 된 사람들은 금세 원성을 높였습니다.

"차라리 노예 생활이 편했다. 적어도 밥은 있었으니. 우리를 다시 이집트로 데려가라."

개성대로 살아갈 때 마주할 것들

눈앞의 고통 때문에 지난 400년간의 노예 생활을 잊은 것입니다. 신의 약속을 믿지 못한 사람들은 결국 한 명도 빠짐없이 중도탈락하고 말았습니다. 반면 마지막까지 믿음을 지킨 사람들은 전에 볼 수 없던 풍요의 땅 가나안으로 들어가게 되었죠. 신이 약속하신 바로 그 땅으로.

출애굽기는 신에 대한 믿음을 지킨 모세의 이야기일 뿐만 아니라 같은 믿음으로 결국 이집트를 탈출해 약속의 땅에 들어가는 데 성공한 모든 사람의 이야기입니다. 비록 한 사람 한 사람의 이름이 역사에 기록되지는 않았지만, 모두가 자유를 위해 끝까지 믿음을 놓지 않은 진정한 자유의 투사입니다.

자유의 대가

자유를 찾아 자기만의 길을 가는 사람들을 많이 만나봤습니다. 마치 현대판 출애굽처럼. 선택한 길은 각기 다르지만, 목표는 같았습니다. '가장 나답게 사는 것.' 목표가 같을 뿐 아니라 한 명도 빠짐없이 불안과 두려움을 안고 있었습니다. 남들과 다른 선택을 했기 때문에 지독한 외로움을 느끼고 있었고요.

몸과 마음이 힘들면 누구라도 하던 일 멈추고 안락한 곳으로 도망치고 싶어집니다. 하지만 이런 상황에서도 끝까지 포기하지 않는 사람들이 있습니다. 두 번 다시 예전으로 돌아가지 않겠다는 굳은 결심을 한 사람들입니다.

자유를 쟁취하는 데는 대가가 따릅니다. 누군가에게는 경제적인 고난이고, 누군가에게는 낯선 환경에의 두려움일 수 있습니다. 그동안 쌓아온 것들을 모두 버려야만 하는 안타까움도 있고, 가까운 사람들이 보내는 의심의 눈초리를 견뎌야 할 수도 있죠. 사회적으로 뒤처지고 있다는 느낌에 불안감이 엄습할지도 모릅니다. 그러나 이런 모든 것이 자유로운 삶의 대가임을 받아들인 사람은 기꺼이 그 대가를 치릅니다. 그리고 언제가 될지는 아무도 모르지만, 자신의 때가 이르면 결국 자유를 얻습니다.

하고픈 일만 하고, 모든 일이 잘 풀리며, 주위 사람들이 모두 인정해주고, 항상 기쁨과 행복이 충만한 자유. 티 없이 맑은 핑크빛 자유는 아직 본 적이 없습니다.

서두르지도 말고, 포기하지도 말고

하고픈 일만 하면서 살겠다고 포부를 밝혔지만, 시간이 지나도 변화가 없는 사람들이 있습니다. 혹시나 해서 연락해보면 "사실 요즘 좀 바빠서 신경을 못 쓰고 있었네요."라는 답변을 듣습니다. "아직 마음의 준비가 안 돼서." "생각해보니까 나랑 좀 안 맞는 것 같아서." "지금은 때가 아닌 것 같아서." "이미 경쟁자가 많은 것 같아서." "생각만큼 사회에 영향력이 있을 것 같지는 않아서."

각자 사정이 있기 마련입니다. 그러나 이유가 대동소이한 것을 보면 꼭 그 때문만은 아니겠구나 하는 생각이 듭니다. 변화를 원하지만 변하지 않는 이유는 무엇일까요?

변화 = 편익 〉 노력

혹시 이런 공식을 보신 적 있나요? '변화 = 편익 〉 노력' 노력 대비 편익이 월등하다는 전망 또는 확신이 있을 때 변화를 시도한다는 뜻입니다. 반대로 편익과 노력의 차가 크지 않다면 애써 변화를 시도할 이유가 없겠죠. 현실에서 개성 있는 삶을 살아가는 것은 개성 있는 삶을 위한 자기계발 단계에 머무르는 것과는 다른 차원의 얘기니까요.

'변화 = 편익 〉노력'에서 무엇을 '노력'해야 할지 모를 경우도 있습니다. 달리 얘기하면 자기만의 개성에 확신이 없기 때문입니다. 개성을 찾는다는 것은 생각만큼 쉬운 일은 아닙니다. 경쟁에 익숙한 사람들은 뭔가 확실한 차별화, 소위 킬러 콘텐츠가 아니면 개성이라고 인정하질 않습니다. 그런데 개성의 반대말은 평범함이 아닙니다. 자신에 대한 '무관심'입니다. 당신의 개성을 발견하지 못하는 것은 당신에게 무관심하기 때문입니다.

저도 그랬습니다. 아무리 생각해봐도 '대화를 좋아하는' 성격 외에는 떠오르는 게 없었습니다. '전 세계 인구의 반은 똑같은 고민을 하겠네.'라고 생각했죠. 그러나 바로 그 점이 제가 1년 사이에 전국을 돌아다니며 토론 모임을 진행하는 토대가 되었습니다.

사업도 개성도 결국은 칠전팔기

사업에 크게 성공한 분들의 이야기를 들어보면 한 번에 성공한 경우가 거의 없습니다. 칠전팔기의 도전 끝에 지금에 이른 것이죠. 개성도 마찬가지입니다. 더 이상 답이 나오지 않을 때까지 하다 보면 결국은 찾게 됩니다. 절대로 조급하게 생각할 필요가 없습니다.

사실 이렇게까지 개성에 대해서 고민하는 분들이 있다면 아마 답을 어느 정도 안다고 봐도 무방할 겁니다. 어쩌면 어릴 때부터 알고 있었을지도 모릅니다. 전혀 예상치도 못한 엄청난 것을 발견하기보다는 이미 너무 잘 아는, 정말 별거 아닌 답이 대부분이니까요. 다만 확신이 없었을 뿐.

확신은 실천을 통해서 좀 더 명확해집니다. 그러니 이제 감

개성대로 살아갈 때 마주할 것들

이 좀 온다면 작게라도 실천해봐야 합니다. 내 것이면 편하고 다시 또 하고 싶어지고, 내 것이 아니면 불편해서 두 번 다시 하고 싶지 않습니다. 물론 너무 많이 해서 타성에 빠지는 것은 별개의 문제입니다. 아무리 개성대로 산다고 해도 늘 같아서는 신이 나지 않을 테니까요.

한 달에 열 번 넘게 토론 모임을 할 때였습니다. 하루걸러 한 번씩 계속 같은 주제로 토론하다 보면 아무리 대화를 좋아해도 지겨워지기 마련입니다. 그래서 지금은 제가 즐거울 만큼만 참여합니다. 하고 싶은 말은 이렇게 책을 통해, 또는 강연이나 SNS로 나누면 되니까요. 애써 찾은 취미가 지겨워지면 곤란하지 않겠습니까?

개성을 찾은 듯한데 확신이 서지 않나요? 서두르지 마시고, 포기하지 마세요. 거의 다 왔습니다.

03

작은
실수는
덤덤하게

저는 예민하기로 치면 둘째가라면 서러운 사람이었습니다. 시계 초침 소리 때문에 잠을 못 이루고, 화장실에서 물 한 방울이라도 '똑' 떨어지면 눈이 번쩍 떠지곤 했으니까요. 신경 쓰이는 일이 있으면 해가 뜰 때까지 뜬눈으로 밤을 지새우기 일쑤였습니다. 피곤하다는 말을 입에 달고 살았죠. 그런 제가 지금은 놀라우리만치 덤덤해졌습니다.

우선 결혼이 한몫했죠. 아내의 성격이 예민함을 줄이는 데 도움이 됐습니다. 아내는 한번 결정한 일을 후회하지 않는 사람입니다. 제가 퇴사했을 때도 잘했다며, 어차피 벌어질 일이었고 앞으로 더 잘 될 사람이라며 변치 않고 믿어주었습니다. 심적으로 정말 큰 의지가 되었습니다.

다음으로 일을 통한 경험입니다. 8년간의 직장생활 대부분 영업을 했습니다. 열 번의 기회가 있어도 계약은 한두 개만 되는 것이 영업입니다. 이런 일을 몇 년간 계속하다 보니 결과에 크게 낙심하지 않게 되었습니다. 목표를 달성하기 위해 될 때까지 하는 게 영업이니까요. 예민한 성격을 다듬는 데 이만한 훈련도 없죠.

장사경험도 큰 도움이 됐습니다. 자기 옷에도 관심 없는 사람이 임부복을 팔려니 막막했습니다. 어떤 옷을 선보여야 할까. 당장 제 돈이 들어가는 일이니 심혈을 기울여서 옷을 샀습니다. 그런데 정작 기대가 컸던 옷들은 재고가 되고 구색 맞추려 산 옷들이 날개 돋친 듯 팔리는 게 아니겠습니까? 그렇다면 계속해서 새로운 옷을 선보이는 수밖에요. 하루에도 수십 번씩 제 돈을 내고 불확실한 결정을 내려야 하는 환경. 그중에서 소위 대박이 나고 쪽박을 차는 경험을 계속하다 보니 자연스레 이런 마음을 갖게 되었습니다. '최선은 다하되 결과는 하늘에 맡기자.'

또 일어나면 되지 뭐

지금까지 말한 내용과 개성대로 사는 것이 무슨 연관이 있을까요? 개성대로 살려면 먼저 내 개성이 무엇인지 알아야 합니다. 그다음에 정말 나한테 맞는지 실천해봐야 합니다. 해보기 전까지는 절대 알 수 없으니까요. 그런데 실천하는 게 참 힘이 듭니다. 실패에 대한 두려움. 시간 혹은 돈 낭비로 끝날 것 같은 불안함. 기대에 못 미쳤을 때의 창피함. 이런 것들을 신경 쓰느라 선뜻 시작하질 못하죠. 이때 덤덤한 성격이 위력을 발휘합니다. 결과에 예민하지 않으면 시작도 부담스럽지 않으니까요.

새로운 일에 대한 두려움이나 불안, 창피함 등은 보편적인 감정이라 개인의 노력으로는 극복하기 힘들다고 생각하는 분도 더러 있습니다. 동의하는 면이 없지 않지만 그 또한 고전적 견해일 뿐입니다. 현대 과학은 새로운 사실을 밝혀내고 있습니다. 감정은 보편적인 것이 아니라 문화에 따라 다르며, 촉발되는 게 아니라 우리가 만들어 내는 것이라고 말이죠.[28] 모든 감정이 상대적인 건 아니겠지만, 그렇다고 절대적인 것도 아니라는 얘깁니다.

개성을 찾아가는 과정은 어린아이가 걸음마를 배우는 과정과 닮았습니다. '이번엔 이래서 넘어졌구나, 다음에는 저렇게 해봐야지.' 끊임없이 넘어지고 일어나고를 반복하다 보면 언젠가는 자유롭게 가고픈 곳을 가는 날이 오기 마련입니다. 지레 겁먹지만 않으면 됩니다.

04

상식을
비웃는
검은 백조

백조는 흔히 우아함, 순결함을 상징합니다. 그러나 많은 사람이 상상하는 눈부신 새하얀 깃털과는 달리 칠흑같이 까만 깃털을 가진 흑조黑鳥도 있습니다. 1697년에 네덜란드 탐험가가 호주에서 처음으로 흑조를 발견했을 때 전 유럽이 발칵 뒤집혔다고 합니다. '모든 백조는 희다'라는 상식이 뒤집혔기 때문이죠. 그때부터 '검은 백조'는 전혀 예상하지 못한 현상을 가리키는 말이 되었습니다.

검은 백조 이론으로 유명한 나심 탈레브Nassim Nicholas Taleb는 그의 저서《블랙 스완》에서 다음과 같이 말했습니다.

우리가 검은 백조를 이해하지 못하는 유일무이한 이유는 과거의 관찰을 미래를 결정짓는 것, 혹은 미래를 표상하는 것으로 오해하기 때문이다.[20]

무엇이든 가능해진 세상

자신의 개성을 살려서 뭔가 시작하고 싶은데 막상 실행은 못 하고 망설이는 분들을 많이 만났습니다. 자기의 개성이 너무 사소해서 이대로 진행하는 건 상식적으로 좀 아니라는 말씀을 주로 하셨죠. 그럴 때 자주 인용해드린 말이 바로 '검은 백조'입니다.

결론부터 말씀드리면 지금 생각하는 것이 무엇이든간에 일단 시작하면 같은 생각을 하는 사람들 몇 명은 금방 모입니다. 어떻게 하느냐에 따라서 상상하기도 힘들 만큼 큰 파급력을 가질 수도 있고요. 예상하지 못한 일들이 얼마든지 일어나곤 합니다.

제가 어릴 때만 해도 밥 잘 먹는 것이 돈벌이가 되리라고 생각해 본 적은 없습니다. 욕 잘해서, 게임 잘해서, 장난감 잘 가지고 놀아서 유명해질 거라는 생각은 더더욱 못했고요. 그런데 이제는 그런 것들이 가능해졌습니다. 심지어 가만히 앉아서 공부만 하는 영상을 올려도 수많은 사람이 그 모습을 시청하는 시대입니다. 이런 개성으로 일 년에 수억, 수십억의 돈을 버는 사람들이 심심찮게 나옵니다.

대체 이게 무슨 일인가 싶어 당황스러운 분들도 있겠지만 이게 바로 검은 백조입니다. 과거의 경험에 따르면 결코 있을 수 없는 일들이 눈앞에 벌어지고 있죠. 이런들 저런들 나와는 상관없는 이야기라고 철석같이 믿는 게 아니라면 한번 도전해볼 만하지 않습니까?

상식만 찾으면 식상해집니다

남을 칭찬하기보다 비난하기가 더 쉽듯이 될 이유보다 안 될 이유를 찾기가 쉽습니다. 자기 자신에 대해서도 마찬가지입니다. 괜히 시도했다가 나중에 후회할까 봐, 아니면 상처받을까 봐 두려워서 시도하지 않는 편이 더 안전하다고 느끼기 때문인지도 모르겠습니다. 예측이 안 되는 결정을 내려야 할 때 두려움을 느끼는 것은 인간의 본능입니다. 이런 상황에서는 대개 '상식'에 의존하죠. 나 혼자는 판단이 안 서니 다수의 의견을 따르려는 심리입니다. '상식적으로 이런 걸 좋아할 사람이 있겠나?' '상식적으로 이 나이에 그런 걸 한다는 게 말이나 되나?' '상식적으로 여자가/남자가 이런 일을 한다는 게 가당키나 하나?' '상식적으로 시장이 너무 좁지 않나?'

그러나 나만의 것을 시도하는 일 자체가 이미 다수의 지지와는 상관없음을 알아야 합니다. 죽기 아니면 까무러치기가 아니라면, 매사에 타인의 동의를 구할 필요는 없습니다. 게다가 상식은 검은 백조를 설명하지 못할 뿐만 아니라 시대에 따라 변하는 것입니다.

사업을 하려면 사무실이 있어야 한다는 것도 옛말이 되었습니다. 요즘에는 사무실을 빌려 쓰기도 하고 심지어 공간 없이 사무실 주소만 임대하는 곳도 널렸으니까요. 저도 그렇게 장사를 했습니다. 사무실에 대한 상식은 예전과 많이 달라졌죠. 요식업을 시작하는 사람들은 상권을 기본 상식으로 생각합니다. 과연 눈에 잘 띄는, 목 좋은 곳에 있어야만 장사가 잘될까요? 유원지처럼 한 시간 이상 줄 서서 기다려야 하는 맛집 중에 대중교통으로는 갈 수조차 없는 데에 있는 가게도 많습니다.

예전에 대학교에 근무하는 전임교원만을 대상으로 넥타이라노 팔아볼까 해서 주위 사람들의 의견을 물어본 적이 있습니다. 반응은 한결같았죠. "상식적으로 고객이 너무 적은 것 아니야?" 교육통계서비스에 따르면 2016년 기준 한국의 대학교 전임교원교수, 부교수, 조교수은 약 9만 명입니다. 동기간에 조사한 의사의 수도 9만 명에 달합니다. 교수나 의사 되기가 얼마나 힘든가요?

그런데 각각 10만 명이나 된다고 합니다.

'그럴 것이라는' 다수의 시선에 결코 쉽게 동의하지 마세요. 검은 백조는 그들이 상식이라 믿어온 것 밖에서 발견됐으니까요.

05

죽을 수 있어서
행복한
겁니다

세상을 살면서 갖는 대부분의 괴로움은 타인과의 비교에서 온다고 합니다. 얼마나 많이 벌어야 돈 벌기를 그치게 될까요? 어느 정도 유명해져야 충분하다고 느껴질까요? 어느 지위에 이르러야만 우리는 만족감을 느낄까요? 나보다 멍청해 보이는 사람들보다는 많이. 내가 만족할 만한 수준까지. 모호한 목표를 세우고, 그것을 향해 달리면 평생 헤매게 됩니다. 죽고 나면 아무런 쓸모도 없는데 말이죠.

대부분의 건강한 사람들은 머리로는 죽음을 이해해도 가슴으로까지 이해하지는 못합니다. 당장 나의 일이 아니라 생각하기 때문일 겁니다. 아니면 내일도 변함없이 숨 쉬고 있을 거라고 착각하며 영원히 죽지 않을 것처럼 살아가기 때문일 수도 있고요. 그러나 죽음의 문턱까지 갔다 와 본 사람들은 죽음이 결코 멀리 있지 않다는 사실을 압니다. 임종 연구 분야의 개척자인 엘리자베스 퀴블러 로스Elisabeth Kübler Ross는 이에 대해 다음과 같이 말했습니다.

죽음의 문턱 가까이 가본 경험으로 배우는 것은 죽음이 아니라 삶에 대한 배움, 곧 어떻게 살 것인가에 대한 배움이다. 다른 사람이 아닌 자기 자신의 인생을 사는 것을 의미한다. 세상을 더 깊이 이해하고 자기 자신과 더 평화롭게 지내는 것을 의미한다. 삶은 완벽하게 만드는 것이 아니라 있는 그대로 삶을 받아들일 줄 알게 되는 것이다.[30]

죽음의 문턱에서 돌아온 사람들

죽음 직전까지 가봤다는 사람들을 몇 분 만난 적이 있습니다. 높은 곳에서 뛰어내리기 전에 유체이탈을 하여 자신의 행동을 보고 정신을 차린 분이 있는 반면 정신을 차리고 보니 응급실이더라 하는 분도 있었죠. 갑자기 몸이 마비되어 몇 개월 동안 육체 속에 갇혀 지내다가 너무 힘들어서 생명의 끈을 놓아버리려던 찰나 극적으로 회복된 분도 있었고요.

저는 상담이나 심리학을 전공하지는 않았습니다. 그러나 이런 분들의 이야기와 그분들의 삶의 변화를 보면서 공통점을 찾았죠. 죽음을 체험하기 전과 비교해서 대체로 자기 색깔이 뚜렷해진다는 것입니다. 또한, 너무 먼 미래보다는 현재나 가까운 미래만 바라보며 살아간다는 것입니다. 그들의 삶은 다음과 같이 달라졌습니다.

"그토록 갖고 싶었던 것이 사실 전혀 중요한 것이 아니라는 사실을 알았습니다."

"세상에서 가장 중요한 건 지금 당장 행복한 나 자신입니다."

"욕심을 내려놓으니 마음이 편해지고, 내 마음이 편해지니 주위 사람들도 편하게 대할 수 있게 되었어요."

이전의 삶을 정리하고 자기가 정말로 하고팠던 일을 하면서 살아갑니다. 자신을 행복하게 만드는 것들로 하루하루를 채워 나갑니다. 사람들에게 관대해졌습니다. 사소한 것에도 감사할 줄 압니다. 그렇게 그들은 다시 찾은 자신의 삶에서 서툴지만, 행복을 가꿔 나가고 있습니다. 물론 그들도 여전히 미래가 불안하고 두렵습니다. 어찌할 수 없는 사람의 숙명이죠. 다만 죽음의 경험을 통해 타인 중심에서 나 중심으로 시선이 옮겨지자 전에 없던 오늘을 살아가게 된 것입니다.

누구나 한번은 죽습니다. 그것을 온전히 인정한 사람들은 시간이 무한하지 않다는 사실을 압니다. 남은 시간이 촉박할수록 중요한 것에 집중하게 되는 법입니다.

경쟁은
자신하고만

저는 요리를 좋아합니다. 수준급은 아니더라도 먹고 싶은 음식은 웬만큼 그럴듯하게 만들어 낼 수 있습니다. 요리를 직업으로 삼아볼까 싶어서 전문학교에 들어가서 겪은 일을 지금 풀어내볼까 합니다.

같은 반 학생 중에 저보다 두 살 위의 형이 있었습니다. 덩치도 크고 요리하는 스타일도 다르고 아무튼 저와는 많은 면에서 다른 사람이었죠. 저는 요리를 배우면 순서나 재료의 크기를 몇 번이고 되뇌며 철저히 지키려 했습니다. 반면 그분은 무슨 요리를 하든지 제 눈에는 늘 대충하는 듯 보였습니다. 순서도 곧잘 무시하고 식자재도 얼핏 비슷하게 다듬지만 여전히 삐뚤빼뚤해 보이는 겁니다. 늘 허둥지둥 요리하는 듯 보이는 형에게 말했죠.

"형, 그렇게 하면 안 돼. 그래서 시험 붙겠어?"
"요리는 예술이야. 다 자기 느낌으로 하는 거 아니겠어?"

제가 장난삼아 핀잔을 줄 때마다 덩치가 산만 한 그 형은 저렇게 대답하며 허허 웃어넘겼습니다. 속으로 '저래서는 곤란한

개성대로 살아갈 때 마주할 것들

데'라고 생각했죠.

그런데 한식이 끝나고 양식을 배우기 시작하자 상황이 180도 바뀌었습니다. 양식 소스의 기본이라 할 수 있는 루Roux[31]는 수치보다는 감각이 중요한 요리입니다. "얼추 색이 노랗게 변하면 그치세요." 혹은 "이쯤 되면 색이 이렇게 갈색을 띠기 시작하는데…"라고만 설명하는 식이죠.

정확한 수치를 좋아하는 저는 그 애매한 요리법을 터득하기가 참 힘들었습니다. 적당히 저어서 블론드 루를 만들어야 하는데 잠깐 타이밍을 놓치는 바람에 더 진한 브라운 루를 만들거나 태워 먹기 일쑤. 불 앞에서 혼자 사투를 벌였지만, 생각만큼 진전이 없었습니다. 반면 늘 대충하는 것 같던 그 형은 루를 포함해 감각에 의존하는 요리를 할 때면 능수능란했습니다. 적당한 색, 농도를 기가 막히게 뽑아냈죠. 갈팡질팡하는 저를 보면서 이번에는 형이 한마디 거들었죠.

"어이, 안 교수님. 요리는 느낌이야. 이게 그렇게 힘드나?"

오직 '과거의 나'보다 잘하기 위해 노력할 것

장점보다 단점이 보였던 이유는 무엇일까요? 저도 모르게 경쟁의식이 생긴 건 아닐까 생각해봅니다. 루 만드는 법을 배우지 않았더라면 여전히 제가 그 형보나 요리를 잘한다고 칙각했을지도 모르죠. 세상에는 수만 가지의 요리와 그에 맞는 요리법이 있고, 각각의 요리도 조금씩 변형을 통해 전혀 다른 맛을 낼 수 있습니다. 맛에 대한 평가는 개인별로 천차만별이니 최고의 요리법이라는 게 있을 리 없습니다.

개성도 다르지 않습니다. 삶에 생기를 더하는 '개성'이라는 인생 요리법은 개인마다 다르기 마련입니다. 그러니 각자의 개성은 존중되어야 마땅합니다. 생긴 대로 살고 싶다면 타인의 생김새도 있는 그대로 볼 줄 알아야죠. 있는 그대로의 모습을 서로 인정할 때 성숙한 관계가 만들어집니다. 지식생태학자 유영만 교수님은 말합니다.

사람만 자신의 내면에 잠자고 있는 재능을 발견하기보다 남과 비교해서 타인을 따라잡으려고 노력한다. '남보다' 잘하려고 하지 말고 '전보다' 잘하려고 노력하라.[32]

개성대로 살아갈 때 마주할 것들

07

새 포도주를
만드는 게
먼저입니다

새로운 마음가짐으로 뭔가를 시작하려면 장소나 사람 등 주위 환경을 새롭게 바꾸는 것이 좋다고들 합니다. 그럴 때 흔히 인용하는 성경 구절이 있습니다. "새 포도주는 새 부대에 넣어야 할 것이니라."[33]

포도주는 발효식품입니다. 원재료인 포도를 으깨어 즙을 만든 후 그 즙을 발효시키면서 전혀 다른 성질의 포도주가 만들어집니다. 이렇게 포도즙을 발효시키는 과정에서 탄산가스가 생성되는데 해질 대로 해진 헌 가죽 부대에 포도즙을 넣으면 탄산가스 때문에 가죽 부대가 버티질 못하고 터져버린다고 합니다. 따라서 한창 발효가 진행되는 새로운 포도주를 보관할 때는 꼭 튼튼한 새 가죽 부대가 필요합니다. 새 포도주는 새 부대에 넣으라고 한 이유죠.

이 구절이 주는 교훈은 단지 새 부대의 필요성에 대한 것만은 아닙니다. 포도주에도 초점을 맞출 필요가 있습니다. 새로운 포도주가 없다면 새로운 가죽 부대도 필요 없을 테니까요.

포기하지 않고 끝까지 가려면

제가 하고 싶은 일을 하면서 사는 모습을 본 많은 분이 "참 자유롭게 산다." "나도 그렇게 살고 싶다."라고 부러워했습니다. 나도 한번 해보겠다는 분들도 꽤 있었고요. 그러나 대부분은 몇 달 못 가서 그만두었습니다. 돈벌이가 안 되는 것을 알고 실망하며 떠난 사람도 있고, 하다 보니 자신과 맞지 않는다며 떠난 이들도 있었습니다.

올 때는 확신에 차서 왔지만, 갈 때는 실망하며 떠나는 사람들이 참 많았죠. 물론 잘 버티고 이제 자기만의 것을 시작한 분들도 있지만 소수입니다. 포기하는 사람들과 끝까지 가는 사람들, 무슨 차이가 있는 걸까요? 모두에게 해당하는 말은 아니겠지만, 대체로 속사람이 바뀌지 않았기 때문이라 생각합니다. 가죽부대는 새로 바꾸었지만 정작 속에 들어있는 포도즙에 변화가 없으면 포도주가 되지 않죠.

저는 개성에 맞는 일을 찾기 위해 여러 번 회사를 옮겼고, 전문학교에 입학해서 공부도 해보고 창업도 해봤습니다. 헌 옷을 수거하려고 고층 아파트를 수도 없이 오르락내리락하느라 무릎 관절이 나가서 지금도 시큰거립니다. 시장에 나갈 때는 대개 혼자였으니 몸이 아파도 안됐습니다. 감기 기운이라도 느껴지면 얼른 순댓국집에 가서 혀끝이 얼얼해질 정도로 매운 청양고추를 듬뿍 넣어 먹었습니다.

허리디스크와 어깨 근육 손상에도 불구하고 제 몸무게만큼 나가는 짐을 짊어지고 인적 끊긴 새벽 길거리를 얼마나 오래 걸어 다녔는지 모릅니다. 열 명이 있든, 두 명이 있든 토론하기 위해 전국을 누비다 보면 교통비에 대관비, 간식비를 제하고 수중에 남는 돈이 오천 원도 안 될 때가 부지기수였습니다.

그런데도 계속할 수 있었던 이유는 그간의 경험을 통해 개성대로 사는 삶에 따르는 책임을 알았기 때문입니다. 두려움, 불안함, 초조함. 모두 제 선택에 따른 결과이니 이 길을 가기 위해선 기꺼이 감내해야만 한다는 사실을 알았죠. 처음에는 그 책임이 버거워서 잠시 회사로 도망친 적도 있습니다. 이렇게 고생할 바에야 회사에서 꼬박꼬박 월급 받아가며 생활하는 편이 낫겠다 싶어서요. 회사에 복귀하고 나서 다시 깨달았습니다. 제가 왜 나왔었는지 말이죠.

일련의 경험을 통해서 저의 속사람은 예전과 비교해 완전히 바뀌었습니다. 이제는 조금 불안하더라도 이런 생활을 계속 유지할 수 있습니다. 속사람이 바뀌려면 경험이 절대적으로 필요합니다. 즐겁고 신나는 경험만이 아니라 힘들고, 아픈 경험들도 꼭 필요합니다. 포도가 포도주가 되기 위해서는 먼저 틀에 넣어져서 으깨어지는 고통스러운 과정을 거쳐야만 하듯이. 그렇게 새로운 포도즙이 만들어진 후에야 그 포도즙을 담을 새로운 부대가 필요합니다. 새로운 부대 속에서도 여전히 자기 변화를 거듭하는 포도즙은 고통스러운 팽창과 수축을 거듭하며 귀한 포도주가 되는 것입니다.

오랜 숙성과정을 거친 포도주일수록 상급의 포도주가 됩니다. 사람도 마찬가지입니다. 오랜 시련을 거치며 다시 태어난 사람들은 전과는 몰라보게 달라집니다. 세상 풍파에 쉽게 지치지 않으며, 타인의 비난에도 쉽게 굴복하지 않는 사람이 되죠. 그런 사람의 정신은 단단하기가 무쇠와도 같습니다. 겉으로 보기에만 단단한 것이 아니라 속까지 꽉 찬 사람입니다. 새 부대를 찾기 전에 새 포도주부터 만들어야 합니다.

적당한
개인주의자를
꿈꾸며

'캥거루 케어'라는 말이 있습니다. 미숙아를 돌볼 때 마치 캥거루처럼 아이를 품에 안고 쓰다듬는 방법입니다. 그렇게 하지 않을 때보다 아이의 성장 속도가 훨씬 빠르다는 연구 결과가 널리 알려져 있죠.

사람은 사회적인 존재입니다. 홀로 살기보다는 어딘가에 소속되어 있는 편이 생존에 여러모로 유리합니다. 동료들과 함께 있으면 병에 걸리더라도 회복될 때까지 휴식을 취할 수 있습니다. 제 몸 가누기도 힘들 때 보살핌을 받을 수도 있죠. 캥거루 케어처럼.

하지만 모든 일에는 장단점이 있습니다. 함께하기 때문에 발생하는 대표적인 문제는 바로 부정적인 스트레스입니다. 그러니 적당히 개인주의적이어야 하는 겁니다.

나와 당신의 알맞은 거리는?

거절을 잘 못 하는 사람들이 있습니다. 원만한 대인관계를 위해 자기를 희생하는 사람들입니다. 그런 사람 주위에는 꼭 그 사람을 이용하려는 사람들이 있기 마련이죠. 그 둘이 만나면 거절을 못 하는 쪽이 일방적으로 맘고생을 합니다. 건전한 관계는 쌍방을 배려할 때 성립되는 겁니다. 그러니 일방적으로 끌려가는 관계를 원하지 않는다면 적당한 선에서 거절할 줄도 알아야죠.

거절도 습관입니다. 물론 무성의한 거절은 자칫 오해를 살 수 있지만, 상황 설명을 충분히 곁들인다면 누구라도 수긍합니다. 그래도 막무가내인 사람이라면 저는 연락을 차단합니다. 오로지 저만 이용당하는 아주 불건전한 관계이니까요.

토론 모임을 운영할 때였습니다. 매달 1박 2일 일정으로 대구와 부산을 다녀와야 했는데 그동안 아내는 혼자 육아를 담당해야 했죠. 그래서 아내도 자기만의 시간을 저에게 요구합니다. 당연한 일입니다. 딱히 모임운영을 위한 외박 때문이 아니더라도 아내가 힘들어 보이면 제가 아이를 데리고 나가서 늦게까지 놀고 옵니다. 그 사이에 아내는 자기만의 시간을 갖습니다. 육아에서 아내가 차지하는 비중은 여전히 저보다 크지만 이렇게라도 서로의 개인 시간을 보장해주려 노력합니다. 물론 이 또한 현명한 아내의 배려라는 걸 잘 압니다.

부모와 자식은 어떨까요. 이 관계에서도 넘지 말아야 할 선이 있습니다. 특히나 자녀가 성인이 된 후라면 더더욱 넘지 말아야 할 선이 있죠. 내가 생각하는 최선이 자녀에게는 최악일 수도 있다는 사실을 인정해야 합니다. '자식은 건드릴수록 망가진다.'라는 말도 있으니까요. 생김새나 성격이 닮았다 해도 자녀는 엄연히 부모와 다른 존재입니다. 자녀의 개성과 결정을 존중해줘야만 합니다.

마음의 소리를 따라가면

제철소의 용광로는 단 하루도 꺼지는 법이 없다고 합니다. 우리의 열정은 그럴 수 없습니다. 몸이 좀처럼 마음을 따라가지 못하면 다 내려놓고 털썩 주저앉고 싶을 때가 있습니다. 알면서도 잘못된 선택을 할 때도 있고요. 세상의 기준에 비춰보면 말이죠. 예를 들면, 몇 년만 더 하면 진급할 수 있음에도 불구하고 회사를 그만둬 버린다거나 하는 그런 일들 말입니다. 따르지 않으면 당장이라도 큰일이라도 나는 것처럼 믿었던 외부의 기준들. 역설적으로 그 기준을 벗어나 마음의 목소리를 따를 때 오직 나만의 길과 방향을 찾게 될 가능성이 커집니다.

CNN에서 선정한 '꼭 봐야 하는 10대 전시회'에 꼽혔던 "디 아트 오브 더 브릭The Art of The Brick." 이 전시의 주인공은 네이선 사와야Nathan Sawaya입니다. 억대 연봉의 잘 나가던 뉴욕시의 변호사직을 내려놓고 레고 아티스트가 된 그는 말합니다.

처음으로 후회할 짓을 한 그 순간이 살아오면서 가장 후회하지 않는 순간입니다.

사람이 가장 비참할 때는 돈이 적을 때나 명예가 없을 때가 아니라, 삶의 의미를 잃어버릴 때라고 합니다. 개인주의로 사는 것은 타협하지 않고 내 삶이 의미를 지키는 것입니다. 개인주의와 이기주의는 다릅니다. 내 삶의 의미만 중시하는 건 이기주의요, 타인의 삶도 존중해주는 것이 개인주의입니다. 정답 없는 세상이라지만, 적어도 자유롭게 자기 하고픈 일을 하면서 타인에게 상처 주지 않는 삶이 개성 있는 삶의 모범이 아닐까요.

09

야생의
　늘대처럼
배우기

늑대와 집에서 키우는 개의 학습능력을 비교하는 다큐멘터리를
본 적이 있습니다. 생존능력이야 야생동물이 월등하겠지만 학습
능력은 고차원적 사고체계를 가진 인간과 어울리는 개가 나을
거라 생각했죠. 그러나 그 또한 야생동물의 완승이었습니다. 이
유는 다음과 같습니다.

　개는 자신들의 필요를 채워주는 존재가 바로 인간이라는 사
실을 잘 알기에 다른 동물에게 무언가를 따로 배울 필요성을 못
느낀다고 합니다. 그러나 야생의 늑대는 다릅니다. 편안한 잠자
리도, 풍요로운 먹잇감도 보장되지 않는 환경에 적응하려면 무
엇이든 닥치는 대로 배워야 하기 때문입니다. 자신이 속한 무리
는 물론이고, 다른 동물의 행동을 보면서 생존에 필요한 것들을
금방 배운다고 합니다.

　심지어 도시 근처에 사는 코요테들이 교통법규 같은 인간의
삶의 방식을 개보다 더 잘 이해하는 모습도 확인됐습니다. 같은
갯과 동물이지만 삶의 방식이 달랐기 때문에 학습능력에도 차
이가 생긴 것입니다.

저도 별수 없네요

제가 사회생활을 하면서 가장 후회한 일은 기술을 배우지 않은 것입니다. 정확히는 돈벌이가 될 만한 기술을 배우지 않은 거죠. 평생직장에 대한 환상은 애초부터 없었지만, 직장에서 연차가 늘어날수록 그 말이 더욱 실감이 났습니다. 언제부턴가 '이러다가 큰일 나겠다. 뭐라도 해봐야겠다.'라는 경각심이 생겼습니다.

어떤 일을 할 수 있을까? 한참을 고민하다 결국 냉정한 현실에 눈을 떴습니다. 항상 일을 해왔기 때문에 뭐라도 할 줄 알았는데 막상 제대로 할 줄 아는 일이 없었습니다. 계획 세우고, 사람 만나고, 대화하고, 물건 팔고, 보고하고, 가끔 휴가 가는 게 전부였으니까요. 회사에서는 저것만 잘해도 보너스가 나오고 승진도 하지만, 회사 밖에서는 마치 한국에서 "저 한국말 할 줄 압니다."라고 말하는 것과 다를 바 없었습니다. 새로 개업한 가게를 보면서 '암만 봐도 망할 게 뻔한데 왜들 저렇게 무턱대고 생각 없이 장사를 시작할까?'라고 건방지게 평가하곤 했는데 막상 선택의 문 앞에 서니 저도 달리 대안이 없었습니다. 때늦은 후회만큼 어리석은 게 있을까요. 지나간 일은 잊어버리고 제 처지를 받아들였습니다.

살려면 배우게 됩니다, 그것도 빠르게

'어떻게든 살아남자.' 생전 해본 적 없는 쇼핑몰 웹사이트 만드느라 어깨너머로 HTML도 배우고, 촬영 사진 보정작업 하느라 애니메이션 일을 하는 친구를 찾아가서 포토샵도 배웠습니다. 돈 몇 푼 아끼겠다고 광고문구나 배너도 직접 제작하여 포털사이트에 광고를 돌리고 처음으로 블로그도 개설하여 운영했죠. 남들이 하는 것만 볼 때는 쉬워 보였는데 막상 아내와 둘이 모든 것을 하려니 매일 밤을 새우기 일쑤였습니다.

그러기를 몇 달. 힘들었지만 돌이켜보면 학습능력만큼은 대단히 뛰어난 시기였습니다. 그도 그럴 것이, 배우자마자 복습에 예습에 응용까지 해야 했으니까요. 물론 진짜배기 기술에 비하면 보잘것없지만 과거의 저와 비교하면 그마저도 감지덕지였습니다. 게다가 그때 익혀놓은 것들 덕분에 지금 프리랜서로 일할 수 있게 되었죠.

연애는 글로 배울 수가 없습니다. 일도 마찬가지입니다. 해본 적 없는 일은 할 수 없는 게 정상입니다. 뭔가 해보고 싶은 결심이 섰는데 막상 할 줄 아는 건 하나도 없나요? 두 가지만 명심하면 됩니다. 모르면 배우면 된다. 집개보다는 야생늑대가 학습능력이 좋다.

나를 찾아줘

백문이불여일견百聞而不如一見이요, 백견이불여일행百見而不如一行이라! 그동안 '남'의 성장 이야기는 충분히 들으셨으리라 생각합니다. 이제 '나'의 성장 이야기를 써 내려갈 차례입니다.

1. 어떻게 하면 나답게, 자유롭게 살 수 있을까요?

_____

_____

_____

_____

2. 변화를 원하지만 변하기가 힘든 이유는 무엇일까요?

_____

_____

_____

_____

3. 상식은 얼마나 신뢰할 수 있을까요?

_____

_____

_____

_____

4. 새로운 일을 하는 데 있어 '적당한 때'란 언제일까요?

_____

_____

_____

_____

5. 꿈은 언제까지 이루어져야 하나요?

_____

_____

_____

_____

6. 세상일이 계획대로 흘러가지 않는 이유는 무엇일까요?

_____

_____

_____

_____

7. 최근 6개월 동안 어떤 도전을 해봤나요?

_____

_____

_____

_____

6

개성을 직업으로 삼으려면

개성을 찾았다 해서 하던 일을 반드시 그만둘 필요는 없다고 생각합니다. 하루가 24시간이나 있는 이유, 낮과 밤이 있는 이유는 시간을 현명하게 분배할 수 있게 한 신의 배려일 테니까요. 퇴근 후에 혹은 주말에 자기 개성에 꼭 맞는 취미활동을 하는 것만으로 우리의 인생은 얼마나 풍요로워지는지 모릅니다.

그러나 자기 일과 개성이 어긋나는 것을 못 견뎌 하는 사람도 분명 있습니다. 어차피 돈을 벌어야 한다면, 내 개성에 맞는 일을 하면서 돈을 벌어야만 직성이 풀리는 그런 사람 말입니다. 그런 사람들에게 던지는 우려의 시선은 대개 이런 것이 아닐까 합니다. '그걸로 어떻게 먹고 살겠다는 거야? 아직도 철이 덜 들었군.'

물론 무턱대고 파랑새만 쫓으며 출사표를 던질 수는 없는 노릇입니다. 이상은 평화롭지만, 현실은 폭력적이니까요. 실수를 통해 배운다고들 하지만, 분명한 건 실수만 남발해서는 살아남기조차 힘들 테니 말이죠.

마지막 장입니다. 개성을 직업으로 발전시키고자 할 때 한 번쯤 고민해보면 좋을 내용을 담았습니다.

개성을 직업으로 삼으려면

01

어디에
낚싯대를
드리울 것인가

저는 지금 커피 한 잔을 마시며 하늘을 쳐다보고 있습니다. 마치 이불솜 뜯어 놓은 듯 몽실몽실한 뭉게구름이 파란 하늘 이곳저곳에 흩어져 있습니다. 가만히 지켜보니 구름의 형태는 더디지만, 끊임없이 변하고 있습니다. 두 개의 구름이 합쳐져 하나의 큰 구름이 만들어지는가 싶더니 어디선가 불어온 바람에 조금씩 줄어들다 이내 흔적도 없이 사라지기도 합니다. 끊임없는 생성과 소멸. 세상일도 이와 같다는 생각이 듭니다.

끊임없이 질문하는 인간

자연 현상은 제하고서라도 패션, 정치, 경제 등 모든 것이 변합니다. 변화의 원리를 정반합으로 해석하는 이도 있고 기승전결로 해석하는 이도 있죠. 그런 해석보다 중요한 건 본질에 대한 이해입니다. 변화의 본질은 사람입니다. 더 정확히는 질문하는 사람입니다.

물론 질문이 인간의 전유물은 아닙니다. 동물들도 합니다. 다만 깊이와 범위가 다릅니다. 동물은 주로 생존과 관련된 질문을 합니다. 더 안전한 은신처, 더 효율적인 사냥방법이 그것이죠. 지능이 높은 원숭이나, 돌고래 같은 동물은 생존 외의 부분에도 질문을 던집니다. 대표적인 것이 지루함이며 그 결과는 놀이입니다. 그러나 놀이도 현재에 대한 질문의 결과일 뿐 미래를 향하진 않습니다.

인간은 과거, 현재, 미래뿐만 아니라 자신을 둘러싼 거의 모든 것, 심지어 추상적인 개념에 대해서도 질문하죠. 점심 메뉴만 고민하는 것이 아니라, 사랑과 평화에 대해서도 고민합니다. 자신은 존재하지도 않을 100년 후에 대해서도 질문을 던지고, 가본 적 없는 저 하늘의 별에도 질문을 던집니다. 원숭이와 돌고래가 고작 '놀이'에 만족하는 동안, 인간은 '끝없는 변화'를 갈구합니다. 그 결과 동물은 수천 년이 지나도 그 자리에 있지만, 인간은 끊임없이 변하며 앞으로 나아가는 것입니다.

기회는 변화를 읽는 눈에서부터

나만의 개성을 찾았고 진출할 분야도 정하셨나요? 그 분야에는 어떤 변화가 일어나고 있나요? 그 변화는 어떤 질문으로 시작되었나요? 그 질문을 던진 사람은 누구인가요? 이 질문들의 목적은 바로 낚싯대를 드리울 곳을 찾기 위함입니다.

앞으로 중국인은 어디에서 물건을 살 것인가? 그 이유는 무엇일까? 누가 그 장터를 필요로 할까? 마윈은 이 질문으로 1999년 8,300만 원으로 전자상거래 플랫폼인 알리바바를 창업했습니다. 일 년 뒤에는 일본 기업인 소프트뱅크의 손정의 회장으로부터 단 6분 만에 2억 엔의 투자금을 받기도 했죠. 2019년 1월 기준 알리바바의 시가총액은 무려 444조에 이릅니다. 마윈의 재산도 40조에 육박하죠. 실로 대단한 질문의 결과가 아닐 수 없습니다.

몇 조, 몇십 조가 아닌, 더욱 인간적인 사례도 있습니다. 제 친구 C의 이야기입니다. C는 제가 쇼핑몰을 창업하는 데 큰 영향을 줬습니다. 처음으로 동대문 새벽시장에 나간 것도 이 친구와 함께였습니다. 직장인이던 저에게 또 다른 세상을 알려준 친구죠.

제가 회사에 갓 입사했을 때 이 친구는 제가 다니던 회사 건너편에 옷가게를 열었습니다. 서글서글한 외모와 붙임성 좋은 성격, 그리고 특유의 부지런함으로 금세 손님을 끌어모으면서 1년 동안 부지런히 돈을 벌었죠. 그리고는 전에 모아 둔 돈과 합쳐 잠실 인근에 시세보다 싸게 나온 고시원을 인수했습니다. 옷가게 주인에서 고시원 주인으로 직업을 바꾸더니 다시 1년 후 웃돈을 얹어서 고시원을 양도하고 그 돈으로 교외에 멋진 집을 짓더군요. 몇 년 후 주택을 처분하고 빌딩 관련 일을 시작했습니다. 얼마 전 연락을 주고받을 일이 있었는데 지금은 철거 일을 하고 있답니다.

"철거? 그건 또 왜 시작한 거야?"

"요즘 경기가 IMF 때보다 안 좋다고 하잖아. 그래서 생각해 봤지. 앞으로 어떻게 변할까. 폐업들을 엄청나게 하겠더라고. 그래서 준비했지."

"실제로 일거리가 많아?"

"많은 정도가 아니라 쏟아지고 있어. 오히려 내가 일을 쳐내고 있지. 너무 바빠서. 일자리가 없다고들 하잖아? 내가 볼 때는 다들 너무 쉽게 돈을 벌려고 하는 게 아닌가 싶어. 이렇게 돈 벌 거

천지인데 말이야. 나야 좋지. 내가 다 하면 되니까. 하하하."

건축 전공도 아니면서 유난히 건축에 관심이 많더니 이제는 해당업계에서 일어나는 변화를 읽는 눈까지 탁월해졌나 봅니다. 물 들어오는 곳에서 누구보다 빠르고 부지런하게 노를 젓는 C를 보면서 생각했습니다. '월척을 잡으려면 역시 변화를 읽어야 하는구나.'

02

평범한 사람들의
비범한
전략

"오늘, 애플은 전화기를 재발명했습니다. 우리는 이것을 아이폰이라 부릅니다."

아이폰이 세상에 첫 모습을 선보이는 날, 스티브 잡스는 이렇게 발표했습니다. 새로운 스마트폰이라고 소개하지 않고 아이폰이라 부르면서 이전의 스마트폰들과 선을 그었죠. 발표 내내 가장 많이 들린 단어가 'Revolutionary(혁명적인)'인 것도 결코 우연은 아닐 겁니다.

새로운 장르를 만들어내는 전략

소비자들은 경험을 통해 신상품이란 게 사실 거기서 거기라는 걸 이미 압니다. 따라서 경쟁사 대비 자사상품의 장점을 설명하기보다 새로운 패러다임을 제시하는 것이 소비자의 이목을 집중시키기에 더욱 효과적입니다. 초일류 기업들이 시장을 선도하는 비결이죠. 최진석 교수님은 말합니다.

선도력을 갖기 위해서는 '장르'를 만들 수 있어야 한다.[34]

패러다임의 변화로 시장을 이끈 또 하나의 사례를 소개하겠습니다. 이번에는 제가 직접 겪은 사례입니다. 2008년, 전 세계적인 경제위기 속에서 IBM은 스마터플래닛Smarter Planet이란 아젠다를 발표했습니다. 세상을 더 똑똑하게 만들어 성장과 진보를 이루자는 내용입니다. 이듬해 스마터시티Smarter Cities와 더불어 빌딩과 공장을 위한 솔루션들도 속속 등장했습니다. 제가 IBM에 합류한 게 그즈음이죠. 어느 날, 출근하자마자 고객들의 전화가 빗발쳤습니다. 간밤에 미국 본사에서 대대적인 마케팅 활동을 벌였기 때문이죠.

"어제 발표로 회사가 뒤집어졌어요. 도대체 스마터플래닛이 뭡니까? 빨리 들어와서 설명해주세요 사장님 보고 들어가야 합니다."

저를 비롯한 IBM의 영업사원들은 한동안 스마터플래닛에 대해 설명하고 다니느라 눈코 뜰 새 없이 바쁘게 지냈습니다. 얼마 후 대기업들은 '스마트'란 단어를 신제품이나 마케팅 등 전방위적으로 사용하기 시작했습니다. 순식간에 스마트란 단어가 생활의 일부가 되어버렸죠. 그사이 IBM은 스마터플래닛 구축을 위해 필요한 각종 서비스와 상품으로 엄청난 수익을 창출했습니다. 사실 스마터플래닛 구축에 필요한 기술이 새로운 것들은 아니었습니다.

쉽게 말해 혼자서 음식점 창업을 하는 것과 프랜차이즈 계약의 차이입니다. 혼자서는 모든 일을 일일이 해야 하지만 프랜차이즈는 모든 것이 세팅되어 있죠. IBM은 빌딩이나 공장의 에너지 관리를 전보다 더 효율적으로 해주는 토털솔루션을 제공했습니다. 컨설팅부터 시스템 구축, 관리까지 말이죠.

타 회사들과는 달리 각 영역을 모두 제공한다는 게 IBM의 차별화된 역량이었지만, 그보다는 스마터빌딩, 스마터플랜트라는 새로운 패러다임을 창조하고 전 세계에 알린 것이 IBM의 진정한 힘이었습니다. 덕분에 전 세계 40만 명의 직원에게 인당 100만 원의 주식을 지급할 정도로 회사의 곳간은 두둑해졌죠.

좀 더 깊이 생각한다면 누구라도

'대기업이니까 가능하지.' 이렇게 생각할 수도 있습니다. 규모의 경제, 최신기술, 대규모 마케팅이야 그럴 수 있죠. 그러나 패러다임의 전환은 기존인식체계에 대한 고민을 하면 누구라도 할 수 있습니다.

연극배우 이양 씨의 취미는 바이크 타기입니다. 다른 취미활동처럼 바이크도 매니아라면 자기정체성을 드러내는 데 공을 들입니다. 도로에 보이는 할리 데이비슨 중에 똑같은 모양은 한 대도 없다고 말할 정도죠. 재킷이나 장갑에도 신경을 씁니다. 헬멧도 마찬가지입니다. 예전에는 헬멧을 비교하려면 발품을 팔 수밖에 없었습니다. 브랜드별로 가게가 달랐으니까요.

이양 씨는 이 점에 주목했습니다. '한 곳에서 다양한 브랜드의 헬멧을 비교할 수 있으면 얼마나 좋을까?' 그렇게 탄생한 것이 '헤드캔디'입니다. 헤드캔디에 가면 다양한 브랜드의 헬멧을 한 자리에서 볼 수 있습니다. 라이더들 사이에서 금방 입소문이 났죠. 연극만 하던 때와 비교해서 경제적으로 풍요로워진 것은 두 말할 필요도 없고요.

저는 토론 모임을 운영하면서 '토론'이란 단어가 주는 무게감과 익숙지 않음을 극복해야 했습니다. 고민 끝에 '토론 모임'을 '생각 모임'으로 바꾸었죠. 단어 하나 바뀌었을 뿐인데 참여 문의가 배는 늘었습니다. 쇼핑몰도 마찬가지였습니다. 전에 없던 '직장인전문' 임부복판매란 개념으로 창업했더니 금방 소비자의 눈에 띄었죠.

막대한 자금력으로 한 달에 홍보비를 몇억씩 지출하는 회사들이 있습니다. 최신 기술을 선보이는 곳들도 있고요. 평범한 사람에게는 현실적으로 와 닿지 않는 전략입니다. 하지만 패러다임의 변화는 누구나 할 수 있습니다. 조금만 깊이 생각한다면 말이죠.

03

공감이
가지는
위력

2018년 5월, 일본의 고독한 미식가가 한국을 방문했다는 기사를 접했습니다. 검색해보니 일본의 도쿄 TV의 유명한 시즌제 드라마라고 합니다. 잘 차려입은 중년의 신사가 음식점을 돌아다니면서 밥을 먹는 것이 주 내용입니다. '남이 밥 먹는 게 뭐 그리 재미있을까?' 방송을 한번 찾아봤습니다. 별다른 기대도 없었는데 웬걸 오프닝 내레이션부터 강렬한 인상을 주었습니다.

시간이나 사회에 상관없이 극심한 공복이 찾아왔을 때 잠시 동안 그는 자기 멋대로 되고, 자유로워진다. 누구에게도 방해받지 않고, 먹고 싶은 것을 먹는 자신에게 주는 포상. 이 행위야말로 현대인들에게 평등하게 주어진 최고의 치유 행위라고 할 수 있다.

늘 주어진 업무를 처리하느라 쫓기듯 살아가는 현대인. 어쩌면 그들에게 허락된 유일한 자유는 바로 식사일지 모릅니다. 그제야 이 드라마의 위력을 실감했습니다. 누구나 공감할 만한 내용이었으니까요.

다이아몬드가 귀한 진짜 이유

존스홉킨스대학 연구진은 다이아몬드는 우리가 상상하는 것보다 땅속에 더 많이 매장되어 있으리라는 결론을 내린 적이 있습니다. 다만 그 위치가 표면에서 150~190km 되는 지하층인데 현재의 시추기술로는 그 십 분의 일밖에 도달하지 못한다고 합니다. 구할 수 있는 양이 적으니 자연스레 귀하게 여겨진다는 겁니다. 물론 원석을 세공하는 데, 고도의 기술이 필요하기 때문에 귀하기도 합니다. 그래도 안 사면 그만일 텐데 왜 그렇게 비싸고 인기가 있을까요?

사실 '다이아몬드=영원함'이라는 마케팅을 하기 전부터 사람들은 다이아몬드를 귀하게 여겼다고 합니다. 마케팅은 그 믿음에 불을 지폈을 뿐이죠. 안 그래도 귀한 보석에 영원이란 상징성까지 있으니 연인에게 사랑을 고백할 때 이보다 더 제격인 보석이 있을까요. 양은 적고 수요는 많고. 가격이 치솟을 수밖에요.

개성은 지극히 주관적이지만 공감을 걸치는 순간 보편적인 것이 됩니다. 먹방이 '바쁜 삶 속에 자유'를, 다이아몬드가 '영원' 이란 공감대를 파고들었듯이 말이죠. 저는 '모든 사람은 대화를 원한다.'는 생각으로 토론 모임을 시작했습니다. 이밖에도 사람들은 다양한 분야에서 갈증을 느끼고 있습니다. 당신의 개성은 어떤 갈증을 해소해줄 수 있습니까?

04

멘토를 찾으려면
예의 있게,
편견 없이

성공한 사람들의 이야기를 보면 공통점이 있습니다. 바로 철부지 시절에 만났던 멘토Mentor에 대한 이야기입니다. 맨땅에 헤딩하듯 개척해 가는 것도 의미 있지만, 적재적소에서 지혜와 용기를 심어주는 멘토를 만난다면 더 큰 힘을 얻을 수 있을 것입니다. 그런데 바람직한 멘토는 과연 어떤 사람이고, 어떻게 해야 만날 수 있을까요?

멘토르와 아테나

멘토란 단어는 호메로스Homeros의 《오딧세이아Odysseia》에서 찾아볼 수 있습니다. 트로이와 전쟁하기 위해 왕국을 떠난 오디세우스는 그의 친구 멘토르에게 아들 텔레마코스를 맡깁니다. 멘토르는 지극정성으로 텔레마코스를 돌보지만 그가 다칠까 봐 모험을 하지 못하게 막죠.

그러자 지혜와 전쟁의 여신 아테나가 멘토르의 모습을 하고 나타나 텔레마코스에게 그의 아버지 오디세우스를 찾아 떠나라고 독려합니다. 위기의 순간에 아테나는 멘토르의 모습을 하고 텔레마코스에게 조언해주면서 결국 부자가 상봉하게 됩니다.

이 이야기에는 두 부류의 멘토가 나옵니다. 오디세우스의 친구 멘토르처럼 우리에게 많은 것을 알려주지만 독립심은 길러주지 못하는 멘토가 있고, 여신 아테나처럼 지혜를 알려주면서 독립심도 길러주는 멘토가 있습니다.

진정한 멘토는 아테나와 같아야 합니다. 궁극적으로 멘티가 혼자서 물고기를 잡을 수 있도록 도와줘야 하죠. 그러면 이런 사람들은 어디에서 만날 수 있을까요? 사실 멘토는 곳곳에 있습니다. 가까이에 있는 사람뿐만 아니라 연고가 전혀 없는 사람도 우연한 기회에 멘토가 되기도 하죠.

나를 낮출 때 비로소 다가오는 사람들

대기업에서 근무할 때의 일입니다. 기업이 클수록 협력사도 많기 때문에 서로 인사할 기회가 무척 많았습니다. 입사 초반에는 "잘 부탁드립니다."라는 인사를 자주 받았습니다. 그럴 때마다 제가 뭐라도 된 줄 알고 우쭐해지곤 했죠. 그러던 어느 날 고객사에서 심각한 문제가 발생해서 그 문제를 해결하는 과정에서 협력사 분들의 진가를 알게 되었습니다.

중소기업은 대기업과는 다릅니다. 인원이 소수이기 때문에 한 명이 담당하는 업무가 매우 포괄적이고 경험도 훨씬 많기 때문에 진정한 전문가들이었죠. 제가 우물 안 개구리였다는 걸 깨닫고 나니 협력사 분들이 다르게 보였습니다. 관점이 달라지니 태도가 달라지고, 태도가 달라지니 관계가 더 좋아질 수밖에요. 대기업이라고 갑질하지 않고, 전화 한 통 받더라도 늘 예의를 갖추었더니 언제부턴가 제가 도움이 필요할 때 항상 두 발 벗고 나서 주셨습니다. 저는 회사에 다니면서 거의 매년 높은 실적을 달성했는데 이제 와 고백하건대 그분들의 도움이 없었다면 불가능했을 겁니다.

　이번에는 장사할 때 겪은 일입니다. 이제 막 도매시장을 방문하던 시절, 현금을 들고 나간 제가 갑이라 착각한 적이 있었습니다. 조금 까다롭게 굴었더니 "그냥 가세요. 안 팔아요."라는 말을 들었죠. '내가 큰 실수를 했구나.' 정신이 번쩍 들었습니다. 그 후로는 가는 곳마다 "죄송합니다. 장사가 처음이라 모르는 게 많습니다. 잘 부탁드립니다."라고 꾸벅꾸벅 인사를 했죠. 그렇게 저를 낮추고 나서야 도매상인들과 관계를 맺을 수 있었습니다.

　한창 힘들 때 그분들께 들은 얘기 가운데 가장 기억에 남는 위로의 말은 "그래도 삼촌은 싹수가 있어. 그것만으로도 반은 성공한 거야."였습니다. 어찌나 큰 칭찬으로 들리던지. 물론 말뿐만 아니라 실질적으로도 많은 도움을 주셨습니다. 예를 들어, 규모가 큰 거래처나 단골에게만 지원해주던 무료샘플을 저는 초창기부터 받았습니다. 처음 옷 장사를 하면 어떤 옷이 팔릴지 감이 없기 때문에 샘플 구매 비용으로 한 달에 몇백만 원이 우습게 나갑니다. 처음부터 이런 비용이 들지 않았으니 그만큼 다른 곳에 투자할 여유가 있었죠. 쇼핑몰이 금방 자리 잡을 수 있었던데는 바로 이런 든든한 지원이 크게 한몫했습니다.

편견을 없애면 멘토가 보입니다

이런 경험이 부지기수인데도 사람에 대한 편견이 모두 없어진 것은 아닙니다. 어릴 적 화상 자국이 커서도 남아 있듯 말이죠. 제 마음 어딘가에 여전히 사람에 대한 편견이 자리하고 있습니다. 부끄럽지만 제 인성이 아직도 이 정도밖에 안 되는 걸 인정할 수밖에 없습니다. 평생을 성적 비교, 학교 비교, 직장 비교 속에 살았으니 어쩌면 당연한 결과이기도 하지만요.

그래서 지금은 누군가를 만날 때 어지간하면 나이와 직업을 물어보지 않습니다. 그렇게 해서라도 사람에 대한 편견을 조금이나마 없애고 싶기 때문입니다. 이 방법이 생각보다 꽤 효과가 커서 모임에도 적용하고 있습니다. 직업과 나이를 모른 채 대화하면서 얻는 가장 큰 이점은, 어떤 이야기를 들어도 내가 더 잘 안다고 함부로 생각하지 않는다는 겁니다. 혹시 이 사람이 지금 주제의 고수일 수도 있으니까요. 그러다 보니 상대방의 이야기를 더욱 경청하게 되죠.

덕분에 지금은 매우 다양한 사람들과 어울리고 있습니다. 자주 연락을 하는데도 여전히 직업과 나이를 모르는 사람이 다수입니다. 대화하다 보면 대충 추측이 되지만 사실 이제 정말로 관심이 없습니다. 그 사람의 생각을 듣는 게 중요하지 학교나, 직급, 나이는 전혀 중요하지 않으니까요.

이렇게 살면서 만난 사람들 가운데 때마다 한 번씩 뵙고 대화를 나누는 분이 있는데 알고 보니 매우 큰 단체의 회장님이었습니다. 카페에서 단둘이 대화를 나눠도 어느새 주위에는 사람이 몰립니다. 업무 보고를 하러 온 직원들, 일을 의논하러 오는 사람들이죠. 괜한 시간을 뺏는 건 아닌가 싶어 조심스레 여쭤본 적이 있습니다.

"바쁘실 텐데 너무 시간을 빼앗는 것 같아요."
"내가 만나는 사람들은 다 나한테 뭔가 부탁하거나 아니면 내가 부탁할 게 있는 사람들이야. 대화가 다 피곤해. 그런데 너하고는 그런 게 없잖아. 그게 얼마나 사람 마음을 편하게 하는지 몰라. 조금만 더 대화하자."

치열한 경쟁 사회에서 편견 없이 나누는 대화는 그 자체로 사람의 마음을 위로하는 힘이 있었습니다. 그래도 연배가 너무 차이 나서 "앞으로도 지금처럼 좋은 멘토링 해주세요."라고 말씀 드렸더니 "멘토는 무슨. 너랑 나는 동지야, 동지."라고 응수하셨는데 그 대답이 참 인상 깊었습니다.

편견 속에 살면서 많은 멘토를 지나치지는 않으셨나요? 여신 아테나가 현실에서 누구의 모습으로 나타날지는 아무도 모릅니다. 조심스럽게, 예의 있게 그리고 편견 없이 다가가 보세요. "기다렸습니다. 동지여!"라고 두 팔 활짝 벌려 안아줄지도 모르니까요.

05

꿈이
꿈꾸게
하라

'꿈이 꿈꾸게 하라.'

제가 즐겨 쓰는 표현입니다. 열심히 줄 치면서 읽고, 노트에 옮겨 적은 문장들. 미래에 대한 예측들. 모두 내려놓고 마치 독수리가 자유롭게 날아오르듯 꿈이 꿈꾸며 나아가게 내버려 둬야 한다는 의미입니다. 예측하지 못한 현실을 마주한대도 여느 때와 같이 최선을 다해 살아가면 되는 것입니다.

어쩌면 인생을 굉장히 수동적으로 사는 것처럼 보일 수도 있겠지만, 실상은 과거의 교훈을 잊지 않는 현명한 방법이자 매우 적극적인 방법입니다. 주어진 현실에 최선을 다하는 사람은 작은 변화에도 매우 민감하게 반응합니다. 집중하고 있기 때문입니다. 큰 성공을 이룬 사람들의 인터뷰에는 공통점이 있습니다.

"이렇게 큰 성공을 이룰 줄 아셨습니까?"

"아니요, 상상도 못 했습니다."

"계획한 대로 일이 이루어졌나요?"

"천만에요. 계획대로 되지 않을 때가 더 많았지만 매 순간 최선을 다했을 뿐입니다."

개성을 직업으로 삼으려면

재수가 좋았다고 생각할 수도 있습니다. 맞습니다. 재수가 좋았던 사람들입니다. 다만 재수가 좋았던 이유는 자기 일에 굉장히 집중해서 사소한 기회도 놓치지 않았기 때문입니다.

시키는 일만 하는 사람과 자기가 스스로 일을 개척해 가는 사람의 집중도 차이는 상당히 큽니다. 목검 승부를 할 때와 진검승부를 할 때의 집중도가 다른 것과 같죠. 때가 되면 꼬박꼬박 나오는 월급에 익숙한 사람들과 내가 스스로 돈을 벌어야만 하는 사람들의 집중도가 같을 수가 없겠죠.

만약 개성을 직업으로 만들어나간다면 스스로 돈을 버는 상황에 맞닥뜨리게 될 겁니다. 장담하건대, 회사원일 때보다 더 불안하겠지만 불안한 만큼 정신은 더 예민하게 깨어 있을 겁니다. 내가 하는 일에서 일어나는 그 어떤 사소한 변화도 놓치지 않고, 모든 가능성을 열어 놓으며 살아가게 될 겁니다.

매 순간에 충실하며 예민함을 유지하기

저도 저만의 개성을 찾아보겠다며 퇴사했을 때는 이렇게 책까지 쓰게 될 줄은 상상도 못 했습니다. 퇴사하고 '나는 누구인가?'에 대해 공부하면서 든 생각들, 토론모임을 포함한 일상의 모습들을 SNS에 남겨왔는데 그것이 계기가 되었죠. 온라인에서 알고 지내던 작가분이 집필을 제안했습니다. 그때만 해도 생각해 본 적이 없었기 때문에 사양했습니다.

다만 '언젠가 책을 쓴다면 온전히 내 애기로만 쓰고 싶다.'라는 생각을 막연히 하는 계기는 되었죠. 어쨌거나 계속 토론을 했습니다. 젠트리피케이션Gentrification을 주제로 당일치기 여행을 기획해서 회원들과 다녀오기도 했습니다. 활동이 활발해지다 보니 네 곳의 출판사에서 지원도 받을 수 있었고요. 작가들, 각 지역의 모임 장들도 많이 알게 되어 해당 지역에서 작가 초청행사도 기획했습니다.

그러다가 모임에 나오는 분께서 책을 쓰고 있다는 사실을 알게 되었습니다. 원고에 대한 의견을 물으면 성심성의껏 답변도 해드렸죠. 집필하고 출판사와 계약하는 과정을 다 지켜보면서 마치 제 일처럼 기뻤습니다. 그때 처음으로 '나도 한번 써볼까'라는 생각이 들었습니다.

언뜻 일관성이 없어 보일지도 모르겠습니다만 모두 제 개성에 뿌리를 두고 있습니다. '나는 사람들과 대화하는 게 좋아.'

이 경험들로 인해 '꿈이 꿈꾸게 내버려 둬라.'라고 생각하게 된 겁니다. 처음부터 모든 일을 계획하고 시작했다면 아마도 모임을 크게 만드는 방법에만 매몰됐을지도 모릅니다. 회사에서 매일 하던 업무가 사업계획, 영업계획을 세우는 일이었으니까요.

그러나 한 번뿐인 인생. 힘들게 찾은 저만의 개성을 고작 그동안 쌓은 얼마 안 되는 지식의 틀에 가두고 싶지는 않았습니다. 무한한 가능성의 세계에서 제 개성이 더 자유롭게 뻗어 나가길 바랐습니다. 저는 그저 매 순간 최선을 다하고, 사소한 기회를 놓치지 않으려고 예민한 상태를 유지할 뿐입니다.

미래를 예측하는 것이 어리석음을 알면서도 잠시 한눈을 팔면 다시 미래에 대해 생각하게 됩니다. 그 생각에는 여전히 기대와 불안이 공존하죠. 하지만 이전과 달라진 점은 이제는 불안보다 기대가 더 크다는 것입니다. 새로운 일이라도 생기면 마치 간밤에 산타할아버지가 놓고 간 선물을 보기 위해 트리 앞으로 뛰어가는 아이처럼 두근거린답니다. 이번에는 또 어떤 우연들이

개성을 직업으로 삼으려면

나를 기다리고 있을까.

아름드리나무도 그 시작은 작은 씨앗에 불과합니다. 그러니 함부로 개성을 재단하지 말고, 미래를 예측하지 마세요. 그저 개성을 가슴에 꼭 간직한 채로 꿈이 꿈꾸도록 내버려 두세요. 당신이 미처 상상하지도 못한 길로 당신을 인도할 겁니다.

이룰 수 없는 꿈을 꾸고, 이루어질 수 없는 사랑을 하고, 이길 수 없는 적과 싸움하고, 견딜 수 없는 고통을 견디며, 잡을 수 없는 저 하늘의 별을 잡자.[35]

06

꾸준함도
실력입니다

퇴사하고 한동안 사회와 연을 끊다시피 했습니다. 대신 독서와 사색으로 빈 시간을 채웠습니다. 독서를 할 때면 늘 필기를 했고요. 수집하고 싶은 글을 만나면 얼른 옮겨 적거나, 문득 떠오르는 생각들을 놓치지 않기 위해서 말이죠. SNS를 본격적으로 시작한 것도 그때부터입니다. 그날 떠오른 생각을 매일 공유했습니다. 딱히 올릴 게 없는 날이면 나올 때까지 억지로 머리를 쥐어짜내기도 했죠. 그러기를 몇 개월, 글 쓰는 습관이 몸에 배기 시작했습니다.

습관과 함께 욕심도 붙었습니다. 글 하나에 쓰고 지우기를 얼마나 반복했는지. 밥이 나오는 것도 아닌데 말입니다. 그런데도 비범함의 끄트머리도 쫓아가지 못하는 글을 보면 한숨만 나왔습니다. 많이 보고, 많이 생각하는 것 이상으로 재능이 중요하다는 사실을 새삼 깨달았습니다. 정작 저는 한숨을 쉬는데, 신기하게도 제 글을 좋아해주는 분들은 점점 늘어나더군요. 500명, 1,000명, 3,000명. 사람이 모이니 상상하지도 못했던 일들이 벌어졌죠.

사람들을 만나고, 강연을 하고, 북 토크 사회자로 초청받고,

프리랜서로 여러 가지 일을 맡아 돈까지 벌게 되었습니다. 이 책이 출판되면 또 새로운 활동이 추가 되지 않겠습니까. 퇴사 전에는 결코 상상하지 못했던 일들인데 말이죠. 제가 한 거라고는 그저 꾸준히 글만 썼을 뿐인데.

에픽테토스Epictetus. 고대 그리스 스토아학파 철학자 중 한 사람입니다. 노예 신분이었을 때 주인의 학대로 절름발이가 되었지만, 결코 자신의 처지를 탓하지 않았으며 배움을 포기하지도 않았다고 합니다. 훗날 자유인이 되어 로마에서 철학을 가르치게 된 그는 다음과 같은 말을 남겼습니다.

어떠한 일도 갑자기 이루어지지 않는다. 한 알의 과일, 한 송이의 꽃도 그렇게 되지 않는다. 나무의 열매조차 금방 맺히지 않는데 하물며 인생의 열매를 노력도 하지 않고 조급하게 기다리는 것은 잘못이다.

꿈은 머리로 꾸지만 꿈을 현실로 만드는 것은 성실한 몸입니다. 어떤 일도 하루아침에 이루어지지 않습니다. 기분에 상관없이 하던 일을 계속하다 보면 열매는 점점 단단하게 익어갑니다. 없던 운을 끌어오는 힘. 난관을 극복하고 도약의 발판을 마련하는 힘. 재능을 압도하는 힘. 꾸준함도 실력입니다.

07

언어를
지워버리세요

퇴사 전 저의 소득은 월급이 전부였습니다. 하지만 이제는 다양한 방식으로 돈을 벌고 있습니다. 그래서 "정확히 무슨 일을 하시는데요?" 이런 질문을 받으면 참 난감합니다. 전부 말씀드려도 대개는 이해를 못 하시기 때문입니다. "아, 그러시군요."라고 대답은 하지만 뭔가 미심쩍은 표정을 지으시는 걸 자주 봤습니다. 아마도 백수라고 생각하신 모양입니다. 대화를 좋아하고, 글쓰기를 좋아하고, 요리를 좋아하고, 무엇보다 돌아다니는 것을 좋아하는 저에게 딱 맞는 일을 골라서 하고 있는데 말이죠.

한마디로 설명하기 힘든 직업

원활한 의사소통을 하려면 언어가 있어야 합니다. 또한, 효율적으로 소통하려면 단어가 필요합니다. 예를 들어, '생계를 유지하기 위해 적성과 능력에 따라 일정한 기간 계속하여 종사하는 일'이라고 말하지 않고 '직업'이라는 간략한 말을 사용하는 거죠. 그러나 기존의 단어로 세상 모든 것을 정확하게 표현할 수는 없습니다. 동해는 파란색일까요, 시퍼런 색일까요? 자녀의 첫 학예회를 지켜보는 부모의 마음은 대견함일까요, 기쁨일까요, 혹은 아쉬움일까요? 정확한 표현이 불가능합니다.

"앞으로 어떤 일을 또 하고 싶으세요?" 이 질문에도 저는 한 단어로 답할 수가 없습니다. '사람은 만나되 관계에서 자유로운 일. 이동은 하되 매일 움직이지는 않는 일. 말은 하되 대놓고 스포트라이트를 받지는 않는 일. 글을 쓰는 일.' 이마저도 큰 줄기에 불과합니다. 더 깊이 들어가면 하고 싶은 일, 하기 싫은 일이 복잡하게 얽혀 있습니다. 심지어 계절도 탑니다. 일일이 다 설명하기가 힘듭니다. 그야말로 느낌적인 느낌이니까요. 하지만 저런 일이 저에게 가장 잘 맞는다는 것은 확실히 알고 있습니다. 따라서 타인을 이해시키기 위해 굳이 세상의 단어로 표현하려 애쓰지 않습니다. 대신 이렇게 대답합니다.

"저에게 가장 잘 맞는 일이요."

언어의 한계 너머

바이올린 연주 실력이 수준급이었던 아인슈타인은 생각이 막힐 때면 언제나 바이올린을 켰다고 합니다. 언어로 생각하는 것은 이미 그 안에 한계를 포함한다는 사실을 알았기 때문입니다. 연주는 생각을 언어에서 해방시키기 위한 그만의 방법이었던 셈이죠.

나만의 개성을 바탕으로 하고 싶은 일을 찾았는데 명확하게 표현하기 힘들 수 있습니다. 세상에 존재하는 직업 중에 비슷한 것은 있을지 몰라도 정확히 일치하는 직업은 없을 가능성이 매우 큽니다. 왜냐하면 당신이란 존재가 세계에서 유일하듯, 당신의 개성도, 그리고 그 개성에 기초한 당신만의 직업도 유일하기 때문입니다.

우리는 그동안 언어로 세상을 규정하는 데 너무 익숙해졌습니다. 하지만 우리 개개인은 결코 언어로 규정되지 않는 존재입니다. 역사상 단 한 번도 있어 본 적 없고, 앞으로도 나타나지 않을 유일무이한 존재입니다.

기껏 개성을 찾아 놓고 다시 세상의 질서로 돌아가지 마세요. 눈치 보지 마세요. 사고를 개방하세요. 머리에서 언어를 지워버리세요. 조용히 눈을 감고 어떤 모습일 때 가장 자유롭고 편안한지 떠올려 보세요. 어떤 상황 속의 이미지일 수도 있고, 느낌일 수도 있습니다. 온도나 색으로 표현될지도 모릅니다.

무엇이든 상관없습니다. 그 이미지, 그 느낌, 그 색이 바로 당신이 그토록 찾아 헤매던 진정한 당신의 모습입니다. 그 모습대로 산다면 분명 전에 느껴보지 못한 편안함을 느끼게 될 겁니다. 따뜻한 물이 가득한 욕조에 들어가 조용히 눈을 감고 온몸에 퍼져 나가는 온기를 느끼는 것처럼 말이죠.

남들이 이해하지 못한다고 위축될 필요 없습니다. 굳이 그들을 이해시킬 필요도 없습니다. 그저 당신이 떠올린 그 모습대로 살아가면 됩니다.

나를 찾아줘

좋아하는 일과 잘하는 일. 어떤 것을 직업으로 삼아야 할까요. 분명 사람마다 다를 겁니다. 누군가는 좋아하는 일로 성공을 하기도 하고, 실패하기도 합니다. 잘하는 일도 마찬가지이고요. 정작 중요한 건 그런 게 아닙니다.

1. 당신이 관심 있는 분야는 앞으로 어떻게 변하게 될까요?

_____

_____

_____

_____

2. 어떻게 하면 타인의 공감을 이끌어 낼 수 있을까요?

_____

_____

_____

_____

3. 사람을 대할 때 당신만의 편견은 어떤 것이 있나요?

_____

_____

_____

_____

4. 당신의 꿈을 이루기 위해 참고할 만한 사람도, 자료도 없으면 어떻게
   해야 할까요?

   _____

   _____

   _____

   _____

5. 최대한 많은 기회와 우연을 당신에게 끌고 오려면 어떻게 해야 할까요?

   _____

   _____

   _____

   _____

6. 일반적으로 사람들이 자기한계에 못 미치는 삶을 사는 이유는 무엇일
   까요?

   _____

   _____

   _____

   _____

한 번이라도
내 모습대로
살고 싶습니다

직장에서, 가정에서. 20대에, 30대에. 혹은 60대가 넘어서도. 문득 내 삶에 내가 없다고 느껴지는 순간이 있습니다. 치열하게 사느라 잠시 잊고 지낸 영혼이 단 한 번이라도 내 모습대로 살고 싶다고 울부짖는 순간입니다.

생긴 대로 산다는 것이 누군가에게는 꿈같은 일일 수도 있습니다. 확신이 없어서일 수도 있고, 금전적인 문제 때문일 수도 있습니다. 오랜 준비가 필요할 수도 있죠. 겪어 본 적 없는 일이 닥칠 수도 있습니다. 내보낸 적 없는 용기를 발끝부터 뽑아내야 할지도 모릅니다. 그러다 보면 개성을 회복한다는 것이 영원히 이룰 수 없는 불가능한 일로 느껴질 수도 있습니다.

그러나 같은 하늘 아래에서 누군가는 지금 자신이 생긴 대로 살아갑니다. 또한, 살아가려 하고 있습니다. 재산이 많든 적든, 직장에 다니든 자영업을 하든, 나이가 많든 적든 상관없습니다. "나는 누구인가?"에 대한 답을 찾았느냐가 중요합니다.

그동안 만난 수백 명의 사람과 단순히 안부 인사만 주고받은 것이 아닙니다. 개성에 대해 치열하게 토론하면서 죽고 싶었던 경험, 다시 산 이유 등 있는 얘기 없는 얘기 모두 나눴습니다. 그들은 한목소리로 "나는 누구인가?"를 찾는 일이 가장 중요하다고 외쳤습니다.

수백만 원 들일 필요도 없습니다. 결국, 단 두 가지만 하면 되니까요. '질문하고 행하기.' 시간은 오래 걸리겠지만 결국 이것밖에는 답이 없습니다. 그리고 이것만큼 효과적인 방법도 없죠. 지름길은 없습니다. 당신의 답은 당신만 찾을 수 있습니다. 다 큰 어른이 이제 와서 방황한다고 비웃는 자들이 분명히 있을 겁니다. 그럴 때면 애써 다잡은 마음이 흐트러질 수도 있습니다. 무시당한다고 느껴져 분노가 치밀어 오를 수도 있습니다. 그럴 때는 그리스의 철학자 플루타르코스의 말을 기억하세요.

사람들이 저마다 다른 이유에서 분노하지만 거의 모든 경우 자신이 무시당하고 푸대접받았다는 감정이 깔려 있다는 점을 알게 되었네. 그러니까 분노한 자는 자신이 무시당했다고 여길 것이 아니라, 자신을 모욕하는 자를 무시해야 하네. 나약하거나, 성급하거나, 경솔하

거나, 야비하거나, 노망이 들었거나, 철이 덜 들어 실수한 것은 그자

이니.[36]

고마움의 인사

생긴 대로 살기 시작하면서 수많은 분에게 크고 작은 빚을 졌습

니다. 가능한 모든 분에게 감사의 인사를 드리려 합니다.

꽃마을 한방병원과 명경의료재단의 이사장이자 서울대 철학

과 황경식 명예교수님께서 토론과 함께 논리에 대해서도 나누

면 좋겠다고 말씀해주신 것을 아직도 기억합니다. 능력이 부족

하여 거기까지는 차마 하지 못했지만 언젠가는 꼭 도전하고 싶

습니다.

건명원建明苑 원장님이신 서강대 철학과 최진석 명예교수님

은 더 높은 시선으로 주제를 잡도록 조언해 주시며, 토론모임이

들불처럼 번졌으면 좋겠다는 말씀으로 힘을 주셨습니다. 말보다

실천을 중시하시는 한양대 교육공학과 유영만 교수님은 모임에

도 직접 참여하여 사기를 북돋워 주셨습니다.

영화감독이기도 한 중앙대 첨단영상대학원 이창재 교수님은

'죽음' 주제에 관한 참고서적을 일목요연하게 정리해서 보내주

셨습니다. 유네스코 국제전문가이신 동국대 임돈희 석좌교수님,

세계 무형문화재 심사위원으로서 한국의 문화를 세계에 알리는

일과, 세상에서 자기만의 개성을 찾는 일은 결국 같은 일이라며

얼마나 격려해주셨는지요.

한국자살예방시민연대의 박세준 회장님은 일면식도 없는 청

년이 카페에서 인사드렸을 때 너무도 환하게 맞아주셨습니다. 어느 한 분 빠짐없이 성심성의껏 도움을 주셨고 참지식인, 어르신의 모범을 보여주셨습니다. 이 지면을 빌어 깊은 감사의 인사를 전합니다.

토론 모임 '살롱 드 꼬레'에서 만나 저를 스쳐 가신 분들, 여전히 제 곁에 남은 분들, 여러분 모두가 이 책의 저자입니다. 부산에서는 이제 모임이 자생적으로 운영되고 있습니다. 대구에서도, 부천에서도 그리고 다른 도시에서도 대화의 장이 이어지면 좋겠습니다. SNS로 알게 된 모든 분, 지면상 일일이 말씀드릴 수는 없지만, 항상 응원하고 격려해주셔서 얼마나 큰 힘이 되는지요.

책과강연의 이정훈 대표님과 김태한 코치님, 덕분에 강연도 해보고 이렇게 책도 내게 되었습니다. 김소원 심리연구소의 김소원님, 책 한번 써보라고 하셨을 때는 그저 웃고 넘겼는데 결국 그 말이 이렇게 실현되었네요.

조기준님, 북토크 사회를 보게 해주신 것도 영광인데, 원고까지 봐주셔서 정말 감사합니다. 이 책에 자신의 사례를 싣도록 허락해주신 분들, 하마터면 앙상하게 뼈만 있었을 이 책을 풍요롭게 만들어준 일등공신이십니다.

아버지 어머니, 끝까지 응원하고 전폭적으로 지지해주신 두 분 덕분에 개성에 대해 제가 이야기하는 것이 가능했습니다. 다시 태어난대도 두 분의 아들이고 싶습니다. 장인어른, 장모님, 내색은 안 하셨지만 제가 퇴사했을 때 걱정스러우셨을 테죠. 그래

211

도 변함없이 지지하고 믿어주시니 얼마나 큰 힘이 되는지 모른답니다. 저만큼 복 받은 사위가 없습니다.

아들 범진아, 네가 태어나기 십 년 전에 아빠는 네 이름을 이미 범진이라고 지어놨단다. 너는 모르겠지만 네가 태어난 날 아빠는 완전히 다른 사람이 되었단다. 지금 바로 아빠가 있어야 할 곳은 가족 곁임을 너를 보고 깨달았으니. 태어나서 지금까지 단 한 번도 떨어져 본 적 없는 우리 가족. 앞으로도 같이 할 모험이 너무나 많단다. 우리는 오하나야! 누구도 혼자 남겨지거나 잊히지 않아! 사랑한다.

내 인생의 동반자, 영진. 이 모든 과정에 가장 큰 힘이 되어 준 건 다름 아닌 당신이야. 누구보다 현명하고, 사려 깊고, 나도 모르는 나의 장점을 많이 찾아주고, 변함없이 지지해주는 사랑하는 아내. 앞으로도 평생 지금처럼 행복하자. 마지막으로 하나님께 모든 영광을 올려드립니다.

1   個性, Individuality. 모든 사물이 다른 사물과 구별되어 독자적으로 갖는 특징

2   우노 다카시 지음, 김문정 옮김《장사의 신》쌤앤파커스, 2012, p21.

3   앙투안 드 생텍쥐페리 지음, 이선오 옮김《어린 왕자》엘빅미디어, 2012, p134, 136.

4   Myers-Briggs Type Indicator. 마이어스Myers와 브릭스Briggs가 융Jung의 심리 유형론을 토대로 고안한 자기 보고식 성격 유형 검사

5   통계청KOSIS
     성씨, 거주지역, 성씨_본관별 인구
     키, 시도별 연령별 성별 평균 신장 분포 현황
     체중, 시도 별 성별 연령별 평균 체중 분포 현황
     초혼연령, 신혼부부 특성별 혼인종류별 평균 혼인연령

6   가구 총 소득, 자산, 2018 보통사람 금융생활 보고서 중 그룹 4의 평균, 신한은행

7   플라톤 지음, 이상인 옮김《메논》이제이북스, 2010, p81.

8   앙드레 글뤽스만 지음, 박정자 옮김《사상의 거장들》기파랑, 2017, p39.

9   한국의 교육부 같은 곳

10   선진국을 따라잡기 위해 국가가 주도적인 역할을 담당하는 것

11   국가가 국민을 마음까지 완전히 통제하는 것

12   다치바나 다카시 지음, 이정환 옮김《도쿄대생은 바보가 되었는가》청어람미디어, 2002, p23.

13   김경범 칼럼〈일본의 교육개혁 2015-2024 그리고 계속되는 개혁〉교육을 바꾸는 사람들, 2018.

14   통계청, 국제통계연감:도시화율

15   콜린 엘러드 지음, 문희경 옮김《공간이 사람을 움직인다》더퀘스트, 2016, p23.

16   카를 마르크스, 프리드리히 엥겔스 지음, 이진우 옮김《공산당 선언》책세상, 2002, p21, 24, 25.

17   전단지를 가리키는 일본어. 대북 혹은 대남 심리전 용도로 사용하는 전
      단지.

18   귀스타브 르 봉 지음, 민문홍 옮김《군중심리학》책세상, 2014, p41.

19   오카다 다카시 지음, 황선종 옮김《심리를 조작하는 사람들》어크로스,
      2013, p199.

20   불특정 다수를 대상으로 상품을 선전하거나 판매를 촉진하는 행위

21   오카다 다카시 지음, 황선종 옮김《심리 조작의 비밀》어크로스, 2016,
      p294.

22   함석헌咸錫憲, 1901. 3. 13. ~ 1989. 2. 4. 대한민국의 독립운동가, 종교
      인, 언론인, 출판인이며 기독교운동가, 시민사회운동가. 위키피디아.

23   마이스터 에크하르트Meister Eckhart 도미니크파의 신학자. 중세 독일
      의 신비주의 사상가.

24   마틴 린드스트롬 지음, 박세연 옮김《누가 내 지갑을 조종하는가》웅진
      지식하우스, 2012, p81.

25   진열대에서 매출이 가장 높게 나오는 자리

26   네이트 실버 지음, 이경식 옮김《신호와 소음》더퀘스트, 2014, p374.

27   누가복음 16장 13절.

28   리사 펠드먼 배럿 지음, 최호영 옮김《감정은 어떻게 만들어지는가?》생
      각연구소, 2017, 참고.

29   나심 니콜라스 탈레브 지음, 차익종, 김현구 옮김《블랙 스완》동녘사이
      언스, 2008, p100.

30   엘리자베스 퀴블러 로스 지음, 류시화 옮김《인생 수업》이레, 2006.

31   밀가루를 버터로 볶은 것으로, 커리, 스튜, 소스 등의 재료로 쓰인다. 위
      키백과

32   유영만 지음《브리꼴레르》쌤앤파커스, 2013, p161.

33   누가복음 5장 38절

34   최진석 지음《탁월한 사유의 시선》21세기북스, 2013, p113.

35   뮤지컬 〈맨 오브 라만차〉 중에서

36   플루타르코스 지음, 천병희 옮김《수다에 관하여》숲, 2010, p85, 86.

생각이 바뀌는 의자 01
감성충전 라이팅북

맹명관 지음 / 14,000원

생각의 재발견
저자는 YTN 강연쇼 '생각이 바뀌는 의자'를 진행하며, 대한민국 오피니언
리더 강사들에게 방송 중 'thinking different'를 물었다. 그런 기조에서
떠오르는 단상을 캘리그래피와 이미지 사진과 융합한 감성충전 라이팅북이다.
독자에게는 빈 여백에 자신만의 생각을 마음껏 풀어 놓으라고 말하고 싶다.
지식사회의 '생각'은 어느 누구의 소유물이 아니기 때문이다.

기억과 기억들 02
대한민국 대표 분단작가에게 듣는 기록되지 않은 역사

현기영, 전상국, 문순태, 임철우, 이순원, 통일인문학 연구단 지음 / 12,800원

공식적으로 기록되지 못한 기억을 쓴 또 하나의 '역사서'
분단문학은 공식적인 역사 기록물에서는 관찰되지 않는 사람들의 상처를
생생하게 그려낼 뿐만 아니라 그 상처를 치유할 방안을 고통의 공감과
연대라는 차원에서 제시한다. 공식적인 역사 기록물에서는 관찰되지 않는
사람들의 상처를 생생하게 그려내고 치유 방안을 고통의 공감과 연대라는
차원에서 제시한 분단문학 작가들을 인터뷰한 기록이다.

아들아, 콘돔 쓰렴 03
아빠의 성과 페미니즘

이은용 지음 / 13,000원

남성 몽정기의 오답 노트
아빠가 성교육을 제대로 받지 못한 채 몸으로 이리저리 부딪치며 깨달은
몸짓을 통해 사람 사이에 감정은 어떻게 전달하고, 몸은 어떻게 접촉해야
하는지 아들에게 자연스럽게 알려주며 바람직한 성 가치관을 세우도록
돕는다. 평등 열쇳말은 오랫동안 '남자로 태어나 다행'인 삶을 살아왔다는
자각의 과정이자 세상을 성평등의 관점에서 보려는 노력이다.

영화 속 통일인문학 04
대중문화로 본 역사적 트라우마의 치유

통일인문학연구단 지음 / 15,000원

남북의 영화 분석과 한국사회의 수용 양상에 대한 비평서
남북의 영화 분석과 한국사회의 수용 양상에 대한 비평을 통해
식민·이산·분단·전쟁·탈북 등 한반도의 현대사가 가져 온 역사적 고통을
살피고 상흔의 치유 가능성을 모색한다. 남북 주민들이 감내한 숱한 역사적
상처들을 직시하거나 어루만진다는 측면에서 사회적 치유로서의 영화 보기,
'힐링 시네마(healing cinema)'는 대중문화의 역사적 힘을 잘 보여준다.

가요 속 통일인문학 05
대중문화로 본 역사적 트라우마의 치유

통일인문학연구단 지음 / 15,000원

민족구성원들이 함께 어루만지는 치유의 노래
한반도뿐 아니라 전 세계에 흩어져 사는 코리언의 역사적 트라우마를
감성적으로 이해하고 치유하고자 시대별로 변천해온 대중가요를 통해
식민·이산·분단·전쟁·탈북의 상흔을 살핀다. 가요 속에 깃든 한민족의
공통된 기억을 되돌아보는 과정은 그 상흔을 재인식하는 동시에 세대를 넘어
집단이 공유하는 역사적 트라우마에 대한 치유를 모색하는 것이다.

신 인간 과학 06
우주 생명 정신을 주제로 한 석학들의 대화

한스 페터 뒤르, 클라우스 미하엘 마이어 아비히, 한스 디터 무휠러, 프란츠 M. 부케티츠,
볼프하르트 판넨베르크 지음 / 여상훈 옮김 / 15,000원

대립을 넘어 해답을 모색하려는, 과학과 신학의 대화
양자물리학, 생물학, 빅뱅 이론, 진화론 등 우주와 생명의 기원을 둘러싼 논쟁,
인간의 정신, 의식, 인식, 영혼에 대한 각 분야의 기본적인 견해가 무엇이며,
그 견해들 사이에 어떤 질적인 차이가 있는지 독일어권 다섯 석학의 대담으로
짚어본다. 특정한 문제에 대해 다른 분야에 기대하는 것이 무엇인지, 서로의
견해가 어떤 영향을 주고받는지, 대화의 한계와 새로이 열리는 가능성은
무엇인지 깊이 있게 검토한다.